萧何

刘勃 著

中华书局

图书在版编目(CIP)数据

萧何/刘勃著. —北京:中华书局,2020.9
(中华先贤人物故事汇)
ISBN 978-7-101-14409-3

Ⅰ.萧… Ⅱ.刘… Ⅲ.萧何(？~前193)-生平事迹
Ⅳ.K825.2

中国版本图书馆 CIP 数据核字(2020)第 028137 号

书　名	萧　何	
著　者	刘　勃	
丛 书 名	中华先贤人物故事汇	
责任编辑	马　燕　董邦冠	
出版发行	中华书局	
	(北京市丰台区太平桥西里 38 号　100073)	
	http://www.zhbc.com.cn	
	E-mail:zhbc@zhbc.com.cn	
印　刷	北京瑞古冠中印刷厂	
版　次	2020 年 9 月北京第 1 版	
	2020 年 9 月北京第 1 次印刷	
规　格	开本/787×1092 毫米　1/32	
	印张 4½　插页 2　字数 50 千字	
印　数	1-10000 册	
国际书号	ISBN 978-7-101-14409-3	
定　价	20.00 元	

出版说明

孔子周游列国，创立儒家学说；张骞出使西域，开辟丝绸之路；书圣王羲之，留下了曲水流觞的佳话；诗仙李白，写下了"举头望明月，低头思故乡"的名篇；王安石为纠正时弊，推行变法；李时珍广集博采，躬亲实践，编撰医药学名著《本草纲目》……

这些杰出的历史人物，有的是在中华民族文明进程中做出过突出贡献、对后世产生过巨大影响的思想家、政治家，有的是对中华优秀传统文化的传承传播发挥过重大作用的文学家、艺术家、科学家，有的是为国家安定统一、民族融合团结和中外文化交流做出过杰出贡献的军事家、外交家……他们为中华民族的繁荣发展做出了伟大的贡献，他们的行为事迹、风范品格为当世楷模，并垂范后世。

他们是中华民族的先贤人物。他们的思想、品德、事迹，是中华优秀传统文化的结晶。他们的故事，是对中华民族的禀赋、特点和气质最生动、最鲜活的阐释。他们的名字，在五千年中华文明史上最为光彩夺目。他们为五千年中华文明史书写了最为光辉灿烂的篇章。

为了解先贤，走近先贤，我们精心组织编写了这套《中华先贤人物故事汇》丛书。以详实可靠的史料为依据，以细腻动人的故事为载体，真实地呈现中华先贤人物的事迹、品格和精神风貌，彰显他们的贡献和功绩，以激发人们对国家民族的热爱，对中华文明、中华优秀传统文化的崇敬。

开卷有益，期待这套丛书成为你的良师益友。

目 录

导　读

　　萧何（？－前193），西汉初年政治家，西汉开国功臣之一。萧何是沛县丰邑（今江苏丰县）人，早年任秦国沛县县吏，后来追随刘邦起义。秦朝灭亡后，他接收了秦丞相、御史府所藏的律令、文书、簿籍，掌握了全国的山川险要、郡县户口等信息，对日后制定政策和取得楚汉战争胜利起到了重要作用。楚汉战争时，他留守关中，使关中成为汉军的巩固后方，能够不断地输送士卒粮饷支援作战，对刘邦战胜项羽，建立汉朝起到了重要作用。

　　汉高祖刘邦亲口表彰的"汉初三杰"：韩信是战必克攻必取的超卓名将，张良是运筹帷幄之中决胜千里之外的天才谋士，相比之下，负责后勤补给的萧何，显得平淡许多。

但事实上，若没有萧何，别人的故事根本就没有办法上演。兵马未动，粮草先行，后勤是军队战斗力的根本保障；后勤组织能力，更是国家实力的体现。萧何的统筹能力，是刘邦最终获得胜利的重要依靠。他的表现，也得到后世的极高评价。

萧何还有极好的眼光，汉初名将韩信，就是因为他的全力举荐，才成为刘邦的重要将领。

破咸阳后接收秦朝的律令、文书、簿籍，举荐韩信，镇抚关中三件事，被认为是萧何的三件旷世之功。这也充分体现了他作为政治家的敏锐嗅觉和大局观念，后世评价他是"三代以下名相，自汉以后无有能及者"，实不为过。

基层小吏

公元前225年，沛县。

这里地处中国南北交界，自古以来就是兵家必争之地。在春秋战国时期，归属权改变过多次。

六十多年前，这里是宋国的国土，但后来宋国被齐国灭了，楚国又从齐国手里夺得了这块土地。

这些年，楚国的势力发展得很快。三十多年前，楚国又把沛县东北边的邻居，孔圣人的家乡鲁国也灭了。所以，现在沛县也不算楚国的边境地区了。

但是也有人说，楚国之所以如此扩张，其实也是无奈之举。因为在西边，楚国打不过秦国，国都不断东迁。灭掉东边的小国，一是为了补偿西边损失的土地，二来也有发泄一再败于秦国的怨气的意思。

沛县人，只要是自诩消息灵通的人士，大都喜欢谈论这些话题，但萧何却是一个例外。

这一年，萧何已经三十多岁了，在县廷当差，口碑很好。大家公认他办事效率高，条理清楚。这些年战事不断，楚王不断征发沛县百姓打仗。对沛县百姓来说，这无论如何都是灾难，萧何希望为百姓把灾难降到最小。

今天是休沐日，即休息日。官吏每五天可以休一天，萧何回到自己的老家丰邑。丰邑是隶属于沛县的一个乡，也是重要的军事据点，所以城墙修得很高。

料理完家中的一些琐事，天已经黑下来了，萧何打开一卷竹简，开始阅读。这时，突然传来一阵急促的敲门声。

萧何皱皱眉头，低声问："刘季？"

门外传来笑声："你怎么知道是我？"

"进来罢，门一推就开。"

刘季快步走进来。他身材高大，脸上总是带

料理完家中的一些琐事，天已经黑下来了。萧何打开一卷竹简，开始阅读。

着肆无忌惮的神情。鼻子很高，颌下漂亮的胡子一看就是精心打理过的。其实他比萧何小不了几岁，但萧何操心的事情多，鬓边已经有了些白发，刘季看起来年轻很多。

刘季这个名字很随意。家里最小的儿子叫季，刘季就是刘家老幺的意思。

刘季说："我去魏国的外黄（今河南民权）混了，跟着大侠张耳，你是知道的。"

萧何答道："秦兵水淹大梁城，外黄自然跟着也陷落了，秦人悬赏张耳首级千金，你在魏国还怎么待得住？自然只有回来了。"

刘季一笑："消息传得真快啊！不过，就算你料到我回来了，又怎么知道是我敲门？"

萧何说："我在县里大小也有点体面，把我的门敲得这么放肆的，也只有你。"

刘季大笑，有点不好意思。

萧何问："接下来的日子，你怎么打算？"

刘季说："先混着罢，改日去县城，拜会下王陵大哥。"

萧何看着刘季说："我劝你赶紧离开沛县。"

刘季问:"怎么?"

萧何说:"三日之内,征兵的公文就要到了。你这样的青壮年,正好拉上战场,去和秦兵开战。"

刘季说:"开战便开战,怕他不成!"

萧何问:"你在魏国,也见识过秦军的战法,你觉得咱们楚军是秦军的对手吗?"

刘季犹豫了片刻说:"打不过也要跟他们打!"

萧何说:"我们本不是楚国人,用不着为楚国送死。让秦国一统天下,世道也就太平了。"

刘季注意到萧何手里的竹简:"这是什么东西?这……不像是咱们楚国的字。"

萧何说:"这是商君之法,我估计,不出五年,我就要成为秦国的官吏了,预先做点功课。"他语气里似乎有些萧瑟,但随即又很肯定地说:"秦兵上战场,都如饿狼见肉,砍人首级,就是他们最大的乐趣。你若现在到军中,十死一生。你最好赶紧离开,征兵时找不到刘季这个人,也没人会奇怪。等沛县变成秦国的地界时,你再回来太太平平做个普通百姓罢。"

刘季心里很感动，但脸上还是大大咧咧的神情："萧君，你对我倒好！"

萧何淡淡地说："我是有私心，想找个豪杰之士，将来追随他罢了。"

刘季大笑："你觉得我是吗？"

萧何说："我萧何不会走眼。别看张耳、王陵这些人现在风光，早晚他们都要在你面前俯首称臣。"

不出萧何所料，楚王的征兵令很快就到了，一批沛县的青壮年被组织起来，奔赴西边的秦楚边界。很快，战争爆发了。起先，楚国大将项燕击败了秦将李信。公元前224年，秦王嬴政启用王翦为将，率领六十万秦军进逼，战争变成了消耗战，最后楚军被拖垮，项燕兵败自杀，秦军乘胜攻占了楚国大片土地。

楚国灭亡之前，淮河以北的土地，当然也包括沛县，实际上已经落入秦军的控制了。但秦国并没有立刻派遣官吏来这里，因为忙于战事，根本顾不上，只是要求沛县县尹宣布向秦国投降而已。灭掉楚国后，秦国人还是没怎么理会沛县，因为它的兵锋又迅速指向六国中残存的最后一个国家——齐国。

这几年，沛县虽然已经属于秦国，但生活倒没有太大变化。萧何和同僚们一起，依然忙着征集钱粮和士兵输送到战场去，只不过以前是为了楚国，现在换成了秦国而已。

一直到秦王嬴政二十六年（前221），齐国也被消灭，天下终于一统。

秦王嬴政自以为道德功业胜过传说中的三皇五帝，于是改称皇帝，也就是大名鼎鼎的秦始皇。万象更始，无数新举措纷纷出台，其中最重要的一项是天下采用郡县制，不再有分封的诸侯国君，沛县人的生活这才发生了根本性的改变。

楚国时，县的长官称县尹，尊称为县公。沛县的县公长期由一家大贵族世袭。现在，秦始皇要把天下十二万豪富迁徙到都城咸阳，这位沛县县公也被列入了迁徙名单。秦始皇的命令当然不可抗拒，县公哭哭啼啼把家产装了几十辆车，准备出发。萧何和县廷的同僚为他送行，出于礼貌，大家不得不做出沉痛的表情，有人还不时抬起袖子，擦一下实际上干干的眼角。

但大部分人心里其实是有些幸灾乐祸的。沛县县公为人刻薄，又爱炫耀，大家多少都受过他的气。

不久之后，秦国任命的县令就到了。

县令姓王，矮矮胖胖，留着胡子。他派头很大，看上去很傲慢。不过，他的随行人员并不多，天下那么多郡县，秦始皇没有办法给每个县令配足够的助手。

接受沛县官员们的拜见时，王县令的头高昂着，只拿鼻孔对人，聊天时最爱说的是："家叔……不，王老将军打败你们楚国项燕的时候……"

这个口误反复出现，显得他很想掩饰自己与王翦之间的叔侄关系。但实际上他想表达什么，萧何与同僚曹参、夏侯婴等人，自然心知肚明。

"今皇帝德过三皇，功盖五帝，作制明法，

教化天下，以前的那些旧规矩，自然都该扔进溷（hùn）坑（猪圈、粪坑）里去。"

县令端坐县廷上说话的时候，几个役夫把一捆捆的竹简搬进来，上面记录的，都是大秦的律令。

县令继续说："你们这些人，本来也不能留用，但现在再给你们一个机会，赶紧把我大秦的法令学起来。一年后若学不会，可就没资格做我大秦的县吏了。"

萧何等人表面上毕恭毕敬地听着，但其实心里并不慌张。他们心里清楚，不论谁来治理沛县，总需要找百姓纳粮，征发青壮年去服徭役，这些工作就靠县吏们完成。县令并没有带来多少手下，大家都知道他很难找人取代自己。

现在县令新官上任要立一点新规矩，就满足一下他的虚荣心好了。大家就这么听着。

县令又说："按商君之法，一个家庭中若有两位成年男子，就必须分家析产，否则赋税就要加倍。三个月后，我不想看见沛县还有几代人甚至几十口人聚族而居的情况。"

瞬间，空气仿佛凝结了。大家面面相觑。这些县吏的家产都在四万钱以上，这在真正的豪强眼里当然不值一提，但在沛县也算有点地位，聚族而居是常态。县令来这一招，就像是要把所有人的家都毁了。

很自然地，大家把眼光投向萧何，这么多年来，萧何已然是沛县县吏的主心骨。

萧何轻轻咳嗽一声，上前一步说："您吩咐的是。强宗大族聚众抗命纵横不法的事，确实是沛县的一大弊病。若能分为一个个小家庭，纵有什么不法之事，追究起来，就容易多了。"

县令瞥了萧何一眼："萧令史果然识大体。"

萧何缓缓说："不过眼下还有另外一件事，我以为更急迫些。"

"什么事？"

"您来沛县，没有带多少士卒。"

县令冷冷地说："泗水郡的将士都在相县，沛县还要这么多士卒做什么？"

萧何："正是，兵力聚则强，分则弱。大军驻扎于相县，不论何县有了异况，都可以泰山压顶之势，雷霆一击……不过如此安排，各县之间的道路，就至关重要了。不然，郡里的大军，怎么能即刻赶到现场呢？"

县令愣了愣说："那应该怎么办？"

萧何说："这么多年来，楚国向来政务荒废，各县之间的道路虽然有，但早已年久失修，残破不堪了。今年郡府的年终考绩，一定会把道路修缮列为头等要务。所以我认为当务之急应该是挑选青壮年准备这件大事。还有，道路上十里一亭，选什么人当亭长，也要仔细遴选。"

县令没有说话，但听得非常认真，毕竟，大秦律法对官吏考核极严，如果能够被太守评价为全郡之"最"（第一名），那么升迁的可能性就很大；但如果不幸沦为"殿"（最后一名），前程就完了。

萧何说："县廷人手有限，往年沛县征集民夫，都要靠这些豪强之家配合。现在如果忙着迫使他们分家，只怕修路的役夫一时不容易聚齐。所以属下的意思，是先把路修好，然后再令各家析产，重新编户。十五连坐之法，是我大秦的制胜之宝，自然是一定要落到实处的。只是事有轻重缓急，析产之事不妨先稍微往后押一押，您以为如何？"

离开县廷后，萧何心情非常轻松。县令表示，要对他的意见再斟酌。县令当然不可能马上同意，但萧何知道他其实别无选择。

第二天下午，县令急急忙忙召见了萧何，说有要事相商。原来他刚接到郡守的通知，皇帝打算巡游天下，各地都要按照御道的标准对道路加以整饬。所以，萧何昨天的提议，居然今天就要开始执行了。

当然，这件事能不能办好，也基本可以决定王县令的前程。

萧何没有料到皇帝这么快就要东巡，不过身为基层文吏，那些基本工作总是要做的：哪些道路要修，需要多少人工，萧何早就做好了预算。一捆捆竹简上写满了注意事项，一张张皮革上绘好了地图，清清楚楚交到县令手里，又把向上汇报情况时需要强调哪些要点，都跟县令说了。

县令听着，不禁皱起眉头说："萧令史，朝廷的监御史来的时候，你就跟在我身边吧。"

亭长刘季

县令新官上任的热情慢慢过去了，他几次重申析产分家的命令，但架不住上面总有新的任务压下来，所以这事只好一拖再拖，慢慢地，县令也就不再提了，看来是已经无限期搁置了。

又是一个休沐日，萧何回到丰邑，打算去找刘季。刘季前两年去了齐国的临淄。齐国离秦国最远，眼看其余五国都亡了，秦国大军兵临齐国城下，齐国君臣早就没有了争雄天下的野心，立刻投降了，这样反而过了几年太平日子。

但刘季在齐国显然过得并不舒心，可能还上过当吃过亏，以至于他终生都觉得，天下最不可信的，就是齐人。所以后来他又回来了。

刘季家在丰邑中阳里，萧何刚到他家门外，就听见院子里刘季的父亲刘太公的怒吼声。

"你这个没出息的崽子……三十出头的人了，只知道在家里游手好闲，也娶不上老婆……"

刘季倒不生气："大人（当时对父亲的称呼）息怒。隔壁曹家的阿肥，不是我的崽吗？您又不是没孙子，只是不用自己养，乐得轻松。"

"你看看你二哥。多亏他踏实能干，要是指望你，我怕是早做了路边的饿殍！"

萧何在门外咳嗽了一声："季兄在家吗？"

院里立刻安静下来，刘季开了门，他脸上没一点羞愧，笑嘻嘻地说："萧兄来得好，当着你的面，家父倒是不好意思骂下去了。"

刘太公有点尴尬。萧何是县里极有体面的人，虽然是晚辈，也不能不尊敬。他很客气地问："这是哪阵好风，把萧令史吹来了？"

萧何微微一笑说："县里有个重任想拜托季兄，所以我必须要来。"

刘太公一愣："他能做什么？"

萧何说："官府要在官道上每十里设一个亭。每个亭需要一个亭长，负责接待赶路的官吏，还要维护这一带的治安。所以亭长的人选，既要场面上来得，又要孔武有力，让泗水郡的游侠都畏惧三分。这样的人才，可实在难得……"

刘太公问："那亭长……也算县廷的官吏吗？"

"算。但月俸只有六百钱，很微薄。"

当时，一个普通工匠每天只能挣八钱，六百钱是不算多，但吃饭不成问题了。何况谁都知道，只要搭上一点官府的背景，好处绝不只是表面上这一点。

刘太公两眼放光："刘季真的可以？"

萧何说："我向县令举荐了季兄，他已经同意了。就是不知道季兄乐意不乐意？"

刘季嘿嘿一乐说："做官吏那么多烂规矩，不乐意！"

刘太公一个耳掴子抽过去："凭你这块料，也配做官吏！这是萧令史给你做了天大的人情，你小子还不知道好歹！"

刘季轻轻一闪，他本来只是逗老人家着急，其实自己也是很想跃跃欲试的："萧兄，咱们借一步说话？"

萧何和刘季来到一个酒馆。按照大秦的法律，本不该有酒馆这种东西存在，因为这里会是各种流言蜚语的传播中心，饮酒之后，人也容易做出不法之事。但天高皇帝远，酒馆只是在县令进城的时候关闭了几天，之后就一切照旧。

刘季笑着说："听说这个新县令被萧兄玩得团团转啊。其实沛县现在都是萧兄你说了算，你才是真正的沛公。"

刘季知道很多县廷的事，萧何倒是不奇怪。刘季虽然不务正业，但人缘好，县廷里夏侯婴、任敖这些人，都把他当大哥，有什么事自然会跟他说。

萧何摇摇头，很认真地回答："其实不是那样。朝廷说什么，我就得做什么。我只是尽力把朝廷的命令变得让家乡父老更容易接受罢了。"

萧何向刘季介绍做亭长的规矩，说着说着，

不由得叹了口气："秦能扫平天下，说实在的，也真是不能不服。县里列曹分工，规矩定得井井有条，如果真能贯彻落实，那楚国确实比不过。"

慢慢地，酒馆里人多起来。但奇怪的是，这些人时不时往萧何、刘季这桌看。

萧何觉得有些别扭，却看见刘季在得意的坏笑。忽然一阵骚乱，酒馆里又闯进来几个人。

领头那人大吼："刘季这小子在吗？"

萧何背对着大门，虽然看不见，但一听声音，就知道是本地有名的豪强雍齿。雍齿一向和刘季不对付。雍齿仗着家资富庶，认为自己才该是中阳里的第一号人物。但刘季的风头却总是盖过他。

刘季倒也不客气，慢悠悠端起酒碗说："我在这里！"

雍齿吼了一声："拿酒来！给他摆上！"

跟着雍齿进来的，还有他的几个随从。他们赶紧把酒摆到了刘季面前。

雍齿说："最近，中阳里都在传说刘季你小子喝醉之后身上就会浮出一条龙来，今天我倒要瞧瞧，到底是什么毒蛇长虫？"

萧何一乐，知道一定是刘季装神弄鬼，指使自己的小兄弟造了这么个谣言。龙虽然大多数时候被认为是神明的座驾，说说也无妨。但当今皇帝的嬴姓，也有传说是由龙的形象化出，所以这事可大可小，传出去也许会有些不妙。

刘季轻轻啜了一口酒说："老子喝醉之后什么样，自己又看不见，人家说什么，关老子什么事？就是真有，又关你这贼虏什么事？"

雍齿劈手揪住刘季的衣襟："别啰嗦，你喝不喝？"

刘季又喝了一口酒："喝啊，为什么不喝？"忽然他眼睛一亮，大叫一声："樊哙！"

原来坐在角落的一条大汉猛地站起来，他身材高大，上身穿一件粗布衣，破破烂烂的。他是本地杀狗的屠户，也是对刘季最忠心的小兄弟。

樊哙一个箭步就来到雍齿的随从身后，他伸出蒲扇似的大手，揪住这两人，直接扔了出去。

与此同时，刘季把酒碗重重往桌上一拍，留在他手里的，只剩一块锋利的陶片，说时迟那时

原来坐在角落的一条大汉猛地站起来，他身材高大，上身穿一件粗布衣，破破烂烂的。

快，刘季一扬手把陶片抵住雍齿的咽喉。

雍齿倒也有些骨气："贼猪狗，有种便杀了老子！"

萧何知道，该自己出场了。他咳嗽一声，缓缓站起："雍齿君。"

雍齿注意力全在刘季身上，萧何又背对着他，所以刚才扑上来揪住刘季的时候，雍齿的胸膛差点压到萧何的脑袋，都没有发现他。

雍齿自认为和萧何都是沛县的体面人物，现在这狼狈相被他看见，只觉得格外羞愧，他声音极低地说："萧……萧令史，你怎么也在这里？"

萧何说："王县令三番五次催促要沛县的大族析产分家，我们想和各位父老商量一下。"

雍齿听到这里，心中一凛。要说析产分家，自己首当其冲，萧何可是自己万万不能得罪的人。

萧何转向刘季说："季兄，雍齿君和你开个玩笑，你这举动，可太过分了！"

刘季笑嘻嘻收回陶片说："是我的不是。雍齿兄，对不住了。"

萧何又对樊哙说："阿哙，你的力气又涨了……你家的狗肉真香，你大哥有喜事，今天你不拿点狗肉出来请各位父老分享吗？"

樊哙很兴奋地说："那一定要一定要。不过，是什么喜事？"

雍齿的随从这时才挣扎着爬起来。

萧何说："雍齿君也坐一坐。今天我来做东，和大家一起给刘季贺喜：下个月，他就是泗水亭的亭长了。"

为吏之道

　　沛县大规模的道路整饬工作即将展开，新提拔的几十个亭长纷纷上任。包括刘季在内，萧何推荐的人选，在考试中都名列前茅，所以萧何在县廷的地位，也进一步提升，被正式任命为"主吏掾"，县廷官吏的考核任免，都由他负责。朝廷派到沛县视察工作的监御史，也觉得萧何工作十分出色，想提拔他到咸阳去。到咸阳去，当然是大多数人求之不得的机会，但萧何还是拒绝了。他对自己的工作状态还算满意，在沛县各种关系都熟悉。如果到朝廷去，身边都是秦国人，很难不被歧视。

　　刘季已经在亭长的位置上干了一段时间，如

果真要按照秦律的标准考察刘季的工作，作奸犯科的事，其实很不少。不过，上面交代下来的各种紧急政务，他总能如期完成。刘季虽然和县廷的许多官吏嘻嘻哈哈乱开玩笑，但彼此关系也确实很好，大家都愿意说他的好话。王县令对他也就睁一只眼闭一只眼了。

道路即将完工时，传来一个消息，让全县上下既松了口气，又有些失落。天子东巡，不会经过沛县。

果然，皇帝与沛县完美错过。御驾先去泰山封禅，向上天宣告大秦统治的成功，然后去海边眺望，希冀得到海外仙人的长生不死之药，再折而向南，离沛县最近时到了彭城（今江苏徐州），但终究与沛县擦肩而过。

对沛县百姓来说，这倒是件好事，因为不必交额外的杂税，也省了许多劳役。

确信自己没有接驾重任后，王县令对萧何说："你去给我备一点酒，哦，还有，上次你朋友送来的狗肉也不错。"

周边各郡县被接驾工作折腾得筋疲力尽的大

小官吏们，为了证明自己的功绩，在各种公开或私下的聚会场合，都要大肆吹嘘皇帝的排场如何之大，威仪又如何摄人心魄。沛县上到王县令，下到萧何这样的掾吏，刘季这样的亭长，这段时间都只能乖乖做听众，一句话也插不上。

萧何本就是低调的人，适合扮演听众的角色；刘季却很失落，又忍不住对皇帝的气派极为好奇；而王县令失落之余，却从邻县学到了一个好办法。

胶东郡、琅琊郡、薛郡、东海郡……所有这些下属郡，这两年其实都面临着相似的问题：县廷里的官吏都是本地人，势力盘根错节，常常令县令、县丞这些真正代表朝廷的主吏无可奈何。这次为了接驾，有些县令觉得本地小吏不能信任，就养了一些门客，重要的事情交给门客去干。

自从秦国扫平六国，又把山东豪强迁到咸阳之后，原来做门客的那些人，无事可干。现在又有人找他们，他们积极性空前高涨，解决问题的效率极高。养门客之事其实颇犯朝廷之忌，但作为一种秘密而有效的方法，还是迅速传开了。

一天，沛县迎来了一位贵客。单父（今山东荷泽单县）人，姓吕名文，字叔平，人称"吕公"。为躲避仇家，他带着全家老小，来投奔沛县王县令。

各县官吏们的消息来源，远比县令多。萧何的消息，也远比王县令灵通。

一天，萧何、曹参、夏侯婴一起聊天。

曹参说："你们听说了吗？邻县县令找外地人做门客，然后把所有的事情都交给门客去办，正经的令史倒成了摆设。"

萧何笑了："县令们可能是觉得，这些年我们拿他们当摆设，他们开始反击了。"

夏侯婴说："不光县廷这样，很多郡守也这样。我听说南边会稽郡郡守用的门客，是下相人项梁，有什么大徭役，都是让项梁负责的。"夏侯婴负责车马，常和较远的郡县有往来，消息也更灵通一些。

曹参说："难道我们真要靠边站了？"他一捶桌案激动地说："咱们必须跟吕家干一架，给他个下马威。"

萧何说："我看不必。"

曹参问："难道就任由他们排挤？"

萧何说："当然不是。不过我看这吕公虽然是县令请来的，和他倒未必是一条心。吕公有个女儿，王县令见了就很喜欢，托我去提亲，吕公没有同意。"

曹参说："当然不能答应。人家也是有头有脸的人家，县令有正房了，女儿只能做妾，凭什么答应？"

萧何说："是这个理。但这样一来，两人也就有嫌隙了。我看，咱们不如请吕公吃饭，大家做个朋友，也未尝不可的。"

曹参说："那他会不会认为我们沛县人软弱？我觉得还是要让他见识下沛县人的厉害。"

萧何沉吟一下说："也可以两手一起来，有个人闹一下也好，就是这分寸不大好拿捏……"

沛县的官吏和豪强，知道吕公是王县令的客人，于是为吕公举行了盛大的接风宴，对其到来表示祝贺。县廷的官吏们早已通过各种渠道把风声放出去。他们认为如果任由县令任用外地人，各种有可能损害沛县豪强的举措将会出现。大家都高度警惕，这次能来的都来了。

大家都准备了相当丰厚的礼金，既是表示友好，也是展示实力。

萧何负责登记礼金，因为来人太多，就定了规矩："礼金一千钱的，坐在堂上；不足一千的，就堂下将就吧。"

饶是如此，堂上还是有点挤。堂下更是人头攒动。

吕公注视着这一切，满脸堆着笑，但萧何看得出来，他的笑容里并没有一点真正的欢喜。

这是个明白人，萧何心想。

"萧令史，我出两千钱！"

萧何抬头一看说："雍齿君真是出手豪阔啊！"

雍齿说："这是敬县令的贵客吕公的，"他压低了声音说："也是雍齿对沛县父老的一点心意。"

正说着，刘季大步流星地走过来，他似乎喝

了点酒，脸上泛红，衣襟敞开着，露出健硕的肌肉。

他看起来起码比我年轻十岁。萧何心里叹了口气。

雍齿看着刘季大笑："季兄，你带了多少钱来啊！"

刘季大笑着回答："一万钱！"

本来嘈嘈杂杂的院落，一下子安静下来。他从哪里弄来这么多钱？

萧何观察着吕公的反应。那天他和曹参、夏侯婴几个商量好，今天故意安排刘季来搅局，就看吕公是什么反应了。

吕公先是安静地上下打量刘季，然后突然走上一步说："请君上座！"

雍齿忍不住说："刘季这小子，哪里来的一万钱？"

萧何拽拽他的衣袖，示意他别多话。萧何走上前对吕公说："吕公，刘季这个人喜欢说大话。"

这话是解释，但也确实有点挑事。刘季看这

样子是一个子儿也没带，却在这里大言不惭。你吕公赶不赶人？不赶，那是扫了你的面子；赶，樊哙、周勃这些刘季的小兄弟都在外面候着，就要闹场了。

但吕公说话异常客气："我虽然眼拙，却喜好给人相面。刘季君仪表非常，我生平仅见。今日上座首席，非君莫属，钱不钱的，何足挂齿。"

这么一来，反而让那些憋着想看热闹的沛县百姓觉得没趣，都慢慢散去了。

吕公和刘季携手进了屋，雍齿觉得没趣，一跺脚竟转身走了。萧何顾不了他，也跟了进去。

这次宴会，刘季成了绝对的中心。他本来就是潇洒放恣的人，这次萧何、曹参又事先和他打了招呼，让他不妨惹点事端，看吕公是什么反应。刘季很聪明，没有直接去招惹吕公，却和本县的熟人乱开玩笑。

萧何观察着吕公，发现他一直都把全部注意力集中在刘季身上。刘季和人乱开玩笑时，他绝不接话；刘季一夸人，他就赶紧拱手，说些久仰、赞佩的话。看上去，他对这些人的家底，早就摸得很清楚。

宴会结束前，吕公给刘季使了个眼色，刘季立刻领会到了，这是要自己留下来。

夜色如水。

萧何在吕公家院外等候，许久之后，终于，刘季出来了。

刘季看到萧何，一点不吃惊，说："萧兄，我就知道你在等我。"

萧何看着刘季，眼神里难得流露出一点狡黠，说："多年夙愿，今日得偿了吧？"

刘季说："什么多年夙愿？"

萧何说："你总不愿意成亲，不就是想等个豪富之家招你做女婿吗？"

这是当时的风气。世道动荡不安，有点家底的人家，也一直处于家道破败的恐惧中，于是愿意招些虽然出身贫寒，但路子广，性情又强悍果敢的青年男子当女婿。当年刘邦追随过的张耳，就是因此获得了大笔财产，成为门下有许多人依附的大侠。这也导致很多男人把娶亲看作改变自己命运的机会。

很难得的，刘季脸竟然一红，说："他把女儿许给我，萧兄猜到了？"

萧何说："吕公在单父有个大仇家，两家要是交手，少说也要出几十条人命。县里要是出这种大事，单父县今年的考绩也就可想而知了。所以单父县才把他推荐到我们这里做门客，其实是想保自己的太平。"

刘季一乐，说："如此说来，咱们的王县令，可是被单父县坑了啊！"

萧何说："也不算坑。可能也是因为这个原因，县令才腆着老脸，敢讨人家的女儿做妾。"

刘季大笑，说："而吕公偏偏没有同意，又得罪了县令，这下，他非得在本县找一位真正的英雄豪杰做女婿，才能保太平了。"

萧何当然不会反驳他自吹自擂，只是提醒他一句："这样一来，县令可要找你的麻烦了。"

虽然吕公的妻子反对，但吕公非常坚持，不久之后，吕雉就嫁到了刘家。不久，她为刘季生了一个女儿（即鲁元公主）。

县令对刘季的报复也确实开始了。县里管车马的夏侯婴和刘季关系最好，有公务出行时，只要时间允许，他都特意绕道泗水亭，和刘季聊天，一聊就聊到日头偏西。但有一次不知为什么俩人竟较量起剑法，刘季不小心刺伤了夏侯婴的肩膀。

本来这只是好朋友之间开玩笑失手了，虽然按大秦律例，对于官吏私斗要加倍严惩，但三尺法上的规章，在当时许多都是摆设，所以谁也没当回事。

但就是有人把这件事捅到了县令那里。夏侯婴为了保护刘季，坚持说是自己不小心弄伤的，但即使是这样，他也下狱一年多，前后被掠笞数百。要不是狱掾曹参极力袒护，让行刑者手下留情，只怕要有性命之忧。

刘季因此十分愧疚，常咬牙切齿说："雍齿这鲺生，老子要剥了你的皮做蹴鞠！"

虽然没有确切证据，但沛县的豪强之中，雍齿是被县令拉拢得最成功的一个。他也经常往县廷跑，这是所有人都看在眼里的。

萧何怕刘季按不住火找雍齿报复，也怕县令继续找刘季的岔子，就安排刘季去咸阳服徭役。这是刘季第一次到咸阳。皇帝东巡他没能见到，在咸阳他终于看见了皇帝的车驾。

刘季从咸阳回来后，感觉县令没时间和自己过不去了。沛县上上下下已经进入忙碌到疯狂的状态。因为朝廷的新举措正在不断出台。

当初皇帝第一次东巡时，大家都认为这起码是十年一遇的大事，没想到后来这竟成为皇帝的日常。皇帝和他庞大的随行队伍，有如一条吞噬财富的巨龙，使得所过之处的郡县的资源迅速枯竭。

为了防御匈奴，秦国打算在原先秦、赵、燕三国长城的基础上，大规模修建长城；此外还要南征百越，那里自然环境恶劣，各部居处分散。

除此之外，秦始皇还兴建了规模空前的阿房宫；派遣一批批方士寻访长生不死药，骊山陵墓的工程也绝不能停。

萧何这些县吏都很清楚，朝廷新近出台的政策，必须不折不扣地执行。哪怕本性善良淳厚，这时也绝不敢对百姓稍微温和一点，如果不能完成任务，根本是自毁前程甚至自寻死路。

百姓开始大量流亡，当然郡县的长吏都不敢向朝廷汇报，因为朝廷会严令你解决这个问题，而除非朝廷停止征发徭役，否则这个问题根本无法解决，而徭役又绝不可能停止……一切陷入了死循环之中。

当然，朝廷里也不乏了解真实情况的官员。但没有人胆敢把实情启奏给皇帝，现在大秦上下共识只剩下：火烧眉毛且顾眼下，既然朝廷跟你要钱要人，那就无论如何要想尽一切办法把钱和人凑出来。

沛县又一次接到了诏旨：要组织三百刑徒去修骊山陵墓。

县廷的官吏们一阵忙碌，勉强把这三百人凑齐，派谁去解送又成了难题。按照秦律，刑徒们沿途的后勤补给，应该由途经的郡县提供，但现在那些郡县的处境，都比沛县更糟，这个补给体系早已瘫痪。所以一路上的忍饥挨饿，是可以想见的。这些刑徒还有可能会想方设法逃走，即使

刘季带领三百人出发去修骊山陵墓。

不逃，本来就面黄肌瘦，到了骊山能剩下多少人，也是未知之数。

如果到最后，剩下的人太少，解送者就会被认为渎职，将受到严厉的惩处。

县廷没有人敢接这个倒霉差事。最后还是刘季站出来说："那就我去吧。"

萧何叹了口气，看着大家，说："刘季君这一路肯定诸多艰辛，大家都帮点吧。"

给刘季送行时，县吏们大多包了三百钱的礼金。萧何特意多送了二百钱，把钱交到刘季手里的时候，本想叮嘱几句，可是看见他那满不在乎的表情，萧何心里不禁涌起了一种不祥的预感。

果然，才到丰西泽，刘季解送的这支三百人的队伍就消失了。几天后，有消息传回沛县，说是刘季带着一伙人，在芒砀山当了强盗。

萧何听说这件事的时候，猛的站起来，对曹参说："曹君，你快派人到刘季家去，保护他的家小，别让人为难他们。"

曹参说："你呢？"

萧何说："我去见县令。"

萧何见到王县令的时候，发现雍齿也在旁边，脸上有藏不住的幸灾乐祸。

县令瞪着萧何，很生气地说："萧令史，刘季的事你听说了吗？"

萧何很淡定地答道："是的。"

县令说："刘季已是反贼，他是你举荐的，你应该与他同罪！"

萧何轻轻咳嗽了一声："刘季并非我举荐。"

县令更生气了，说："你当我们都没眼睛吗？"

萧何很平静地说："大秦以三尺法治天下。亭长的任用，由本地父老举荐，县令审核。我和刘季是乡里，当时为了避嫌，我没有参与刘季的举荐。底档俱在，您一查便知。"

县令沉默了。萧何确实多次在自己面前夸赞过刘季，但到了任命的时候，萧何确实没有介入。如果彻查此事，能作为证明的只有底档。

雍齿很不服气，说："不管怎么说，刘季身为亭长，却干出如此大逆不道的事，一定要赶紧捉拿归案，严惩不贷！"

萧何说:"还有一件事我忘了说,中阳里父老保举刘季的那份文牍上,是有雍齿君的名字的。"

雍齿说:"胡说!我怎么会保举他!"

萧何微笑着说:"那天在酒馆里,雍齿君确实签上了自己的大名。要是不记得了,可以问问自己的门客。"

雍齿终于想起来了。那天自己喝得迷迷糊糊时,萧何拿出一卷竹简,让自己签了名。那时他还不知道秦律中签字画押的严重性。

县令咬牙切齿地说:"好吧,那就是说刘季这事,我们在座的都脱不了干系。你说怎么办?"

萧何说:"直接向朝廷认罪,今年实在有困难,凑不齐这三百人了。"

县令说:"这是公然对抗朝廷!"

萧何说:"今年各县的情形都很糟糕,刑徒流亡的事,比比皆是。咱们直接说没人,朝廷也没什么办法。朝廷现在根本无人可用,去年撤了一百三十二个县令,但除了三个确实罪大恶极的,其余都是撤职留用。"

雍齿说:"那刘季呢?就由得他在山上快活,

不管了？"

萧何说："我的意思，确实是不管了。"

雍齿冷笑说："你们果然是好哥们。"

萧何说："我是为您考虑。刘季是沛县的亭长，他的老丈人吕公，又是您的贵客……虽然您已经很久不找他议事了，但吕公是什么身份，沛县父老尽人皆知。您刚才已经说了，这事一旦深究，沛县县廷里的人，怕是谁也脱不了干系。"

县令叹了口气："事到如今，也只能指望朝廷不知道这事了。"

斩杀沛令

得知秦始皇帝驾崩的消息后，沛县王县令感觉内心长出了一口气。

自从前段时间刘季入芒砀山为盗匪之后，王县令总是心神不宁，他甚至觉得自己的心态也越来越像一个反贼。

很早就有谣言流传，说夏天皇帝经过沙丘的时候，其实已经驾崩，他的尸体停放在辒辌（wēn liáng）（古代可以卧的车，也用作丧车）车中，已经腐烂发臭，为了不被发现，中车府令赵高买了许多鲍鱼放在车里掩盖这种臭味。王县令暗暗期待这个谣言是真的。

他一直在暗自祈祷皇帝赶紧驾崩，这样无休

止的征伐徭役就可以停止。若新皇帝即位，还很可能有一次大赦，那么刘季的事也许会既往不咎，自己也就可以在县令的位置上坐得稍微安稳一点了。

皇帝驾崩的消息传来后，令王县令失望的是，大赦的诏旨并没有来，来的是二世皇帝将继承先帝的事业，并追随先帝的脚步，也要巡游天下的消息。

大秦的驰道，东起燕齐，南至吴楚，驰道上朝廷的信使，除了传递官方讯息，也会传播小道消息。比如二世皇帝其实并非始皇帝指定的继承人，中车府令赵高和丞相李斯怎样篡改了遗诏，而二世皇帝又正在用怎样残酷的手段，疯狂屠杀自己的兄长和姊妹……

很快，又传来一个让王县令震惊的消息。就在沛县往西几百里地的大泽乡（今安徽宿州东南），一个叫陈胜的人带着一伙民夫揭竿而起。人们本来以为，这一伙只能斩木为兵揭竿为旗的草民，应该瞬间被秦国的大军碾为齑粉，然而事实恰恰相反，他们连续攻占几个郡县，看上去所向披靡。

为了响应陈胜，各地也纷纷出现官吏被杀的事件。王县令觉得自己的人身安全也受到了威胁。他想："与其等别人造反，不如我自己反了罢。"

他把萧何、曹参招来，商议此事。

二人听完后，低头不语。

县令问："说实话，你们觉得可行吗？"

萧何答道："我……以为，很难。"

县令问："你是觉得陈胜那些人，敌不过朝廷的大军吗？"

萧何说："陈胜他们成或不成，都是未知之数。但是您若带着大家一起……"

曹参说话比较直接："您是秦国的官吏，带着大家反秦，恐怕不能服众！"

县令说："那你们说怎么办？"

萧何和曹参对视了一眼。

曹参说："我的意思，是去找刘季。"

萧何说："如果刘季尊您为主，那么别人就不敢不从了。"

"刘季?"县令不忿地说,"找他管什么用?"

萧何说:"听说刘季手下已经啸聚几百人了。"

曹参还说:"我还听到很多传说,说刘季有一次喝醉了,看见路上横着一条白蛇,他上去一剑把白蛇斩为两段。结果第二天就看见一个老妇人痛哭着说自己是白帝的妻子,儿子在路上被赤帝的儿子杀了。"

秦在西方,对应五行中的金,金又对应白色;楚在南方,对应火,火是赤色。赤帝之子斩白蛇,分明就是楚人刘季要灭亡秦朝的预言了。

曹参又说:"还有人说,先皇之所以不停东巡,就是因为东南有天子气,希望亲自来把它压住,然后终究没能做到……"

县令很不屑地说:"荒诞不经,胡说八道。"

萧何说:"您说得是,不过老百姓就爱信这些。"

县令说:"信的人再多,假的也真不了。"

萧何叹了口气说:"就怕老百姓互相传,不明真相的人越来越多。"

县令能感受到，自己和手下这些掾吏的关系，已然不是从前那样了。他沉默了一会儿说："就算是想找刘季，又去哪里找他呢？芒砀山与沛县相隔也有二百里，又那么大。"

萧何说："这倒不难。樊哙与他还常有联络。现在我就让人去联络樊哙？"

刘季率领着一伙弟兄，到了沛县城墙外。

在县令的想象中，刘季一伙是饥寒交迫衣衫破败的山贼，但他看见的，并非如此。他们个个都很精神，还有盔甲武器。

县令站在城墙上俯瞰，脸上不禁露出一丝苦涩的笑。这一闪而逝的苦笑，立刻被他身边的萧何捕捉到了。

下城楼的时候，萧何轻轻一拉曹参的衣袖，曹参也立刻会过意来。

县令并不傻，他本指望刘季来帮助自己，但看现在这个局面，一起行动的话，只能是自己听命于刘季，而实际上，对刘季来说自己并没有什么用。

萧何意识到，县令改主意了。他预感到县令会拒绝刘季入城，并杀掉城里和刘季关系密切的人。如果是那样，自己和曹参，首当其冲。

萧何和曹参都深知王县令的性格，他会有一段犹豫、纠结的时间，这也是赶紧溜出城去，和刘季会合的最好时机。

刘季军行营大帐。

萧何在一块绢帛上奋笔疾书，边写边念："今日之势，诸侯都将复国，沛县父老即使为沛令守城，也不过是被屠杀。如果沛县父老能一起诛杀县令，大家或许可以保全性命。"

刘季沉吟了一会儿，说："开头加一句'天下苦秦久矣。'"

萧何没有说话，心里却很佩服。刘季没读过多少书，却很会抓人心。加上这一句，就表明还是把沛县父老当自己人，要唤起同仇敌忾之心，效果当然好很多。

萧何写完，递给刘季。刘季命令樊哙："你拿着，射进城去！"

萧何在一块帛绢上奋笔疾书。

樊哙接过，出帐。

刘季说："大家都去各自准备吧。我有几句话，要和萧令史说。"

众人退出，刘季直勾勾盯着萧何，萧何和他对视，心里有些凛然。

刘季说："王县令要害萧君，萧君能及时出城，不容易。"

萧何笑笑。

刘季接着说："可是照我看，沛县县廷上下，服的都是萧君，并不把王县令太当回事。萧君其实当时就可以把沛令杀了，然后打开城门，接我入城。咱们就不用耗在这里了。"

萧何说："是我失策了。"

刘季说："已经有人在议论说，萧君是文吏，杀害长吏的事，不愿意做，免得将来被朝廷追究灭族。所以把这件事丢给了我。"

萧何很平静地说："别人这么说，季兄信不信呢？"

刘季大笑："我当然不信。我知道萧君是厚道，不过不是为了沛令，而是为了雍齿。"

萧何心中一震，一时不知怎么接话。

刘季说："你怕我记着对雍齿的仇恨，回来就要杀他。所以有意先走……"

樊哙急冲冲地闯进来："姊夫！"——他娶了吕雉的妹妹吕媭，所以叫刘季是姊夫。

刘季问："怎么？"

樊哙激动地说："我刚把帛书射进城去，城头上就有人把王县令的人头丢下来了。"

刘季说："是雍齿吗？"

樊哙一怔，点头说："姊夫，您怎么知道？"

刘季点点头说："你辛苦，去让大家列队，准备进城。"

樊哙出帐。

刘季又盯着萧何说："你是有意把斩杀沛令的大功留给雍齿，这样我回去也就不好杀他了。"

萧何说："我查清楚了，是王县令收买了泗水亭的求盗（亭长的助手），他把夏侯婴的事传出去的，和雍齿君没关系。其余的事，雍齿君也没什么大错。"

刘季大笑："你放心，眼下我们就要面对泗水郡的秦兵，我不会动自己人。接下来倒要看看雍齿这小子，两军阵前能不能胜任！"

帐外又响起樊哙的声音："姊夫，兄弟们都在等您了。"

刘季说："也请萧君想想，等会见了沛县父老，咱们该说点什么，把大伙的斗志都激起来才好。"

刘季大步出帐。萧何看着他的背影，这才意识到，自己的衣服早被汗浸透了。刘季是天生的领导者，这是萧何一直以来的判断。天生的领导者总是拥有比别人更博大宽仁的胸怀，却也同时有远超常人的猜疑忌刻，关键是他的喜怒变化你无法捕捉到，这些萧何都早有预料。然而真的面对时，萧何还是感到压力如同泰山压顶。而现在，说起来自己和刘季之间其实还根本没有君臣名分，甚至在沛县父老心目中，自己还比刘季更适合做沛县的领导者。

我绝不能和刘季竞争，萧何想，幸好我也根本不想和他竞争。

反秦之路

刘季成为沛县义军的首领，是在秦二世元年（前209）的秋季。萧何建议刘季说："你现在是沛县的领袖，以后就叫你沛公吧。"刘季也觉得很好，于是大家都称呼刘季为沛公。

泗水郡的秦军战斗力已经严重退化了。秦军不再是十多年以前战无不胜的传说了。丰邑城墙外第一次对战的时候，关于秦军有多么恐怖的记忆，仍然印在沛县子弟的脑海里，远远看见秦军，他们腿肚子就开始发软。

勇猛的樊哙第一个狂吼着冲出去，跟在他身边的是雍齿，他比任何人都更加急需证明自己，

泗水郡监御史率领的秦军，在沛县子弟的

第一次冲锋下崩溃。混乱之中，樊哙用盾牌把监御史从马背上砸下来，雍齿随之割下了他的脑袋。

这一战之后，双方心态发生了根本变化。刘季的部队节节胜利，把泗水郡守百里壮一直赶到了薛郡。然后刘季留雍齿镇守丰邑，继续出击薛郡。

这个时候，东方六国的故土，已然一片大乱。陈胜的部队四面出击，也到处都有人斩杀秦人长吏响应，山东六国先后复国。不论是陈胜任命的将军还是独立起兵的人，都声称自己是陈王的手下；可与此同时，不论是陈胜任命的将军还是独立起兵的人，又都根本不听陈胜的号令。他们满足于自己坐镇一方令行禁止的快感，事实上陈胜也根本没有能力指挥各地的军马。

这种豪杰蜂起群雄逐鹿的局面造成了更多动乱，反秦军队之间的冲突也开始激增。一支由魏国人率领的军队出现在丰邑城外，他们希望雍齿能为魏国效力。

雍齿经过反复的斟酌之后同意了，毕竟他还

是对刘季的态度感到不安。其实许多丰邑子弟对雍齿也相当支持，作为刘季的邻里，他们对小流氓刘季印象深刻。事实上，刘季要想在丰邑建立声望，比在沛县或者其他任何地方都困难得多。

相比年久失修的沛县，丰邑城垣高大坚厚，是个更可靠的根据地。失去丰邑的刘季陷入困境，萧何感到异常愧疚，他没什么指挥作战的才能，更不能披坚执锐，现在又闹了这档子事：毕竟，雍齿是自己保下来的人。

刘季过来拍拍萧何的肩膀，宽慰他说："不杀雍齿，是我自己的主意，我真是看错了这个小子！眼下咱们当务之急还是赶紧找一块地。幸亏有你，我相信哪怕一块地里都是石头，你都能变出钱粮来！"

刘季的安慰其实没什么效果。如果没有稳定的地盘，萧何的才能根本无从发挥。

刘季反攻丰邑失败，于是开始了四处流动作战。这个过程特别考验军吏的能力。幸运的是，刘季这个小集团里，不论是狱吏曹参，还是在丧礼上吹箫的周勃，当然还有杀狗的樊哙，大家都能胜任。

这时，天下形势似乎又逆转了。秦朝的少府章邯，本来只是一个打理朝廷财产的官员，危急关头他突然挺身而出，并展示出极高的军事才能。陈胜派出的大将周文本已突破函谷关深入关中，这是当年多少六国名将可望而不可即的成就，可是周文居然被章邯一举击败。之后章邯的军队一路追亡逐北，所向披靡。

在秦军强大的压力之下，陈胜被他的车夫杀害。这个消息迅速在各地义军之间流传。章邯指挥下的秦军，再次成了大家心头的噩梦。本来风起云涌的反秦大业，处于风雨飘摇之中。

几经波折之后，刘季南下投奔了从会稽郡起兵反秦的项梁。项梁是楚国名将项燕的儿子，精通兵法，麾下的江东子弟极其精锐，是此时唯一堪与章邯一战的力量。

项梁增援了五千兵卒，刘季终于攻克了丰邑。

不久，项梁在薛地召集盟会，刘季前往参加。为了提振士气，项梁拥立楚王的后裔，一个牧羊少年熊心为义军共同的领袖，并使用"楚怀王"这个称号。这是因为楚国人都怀念当年那位被秦国欺骗、囚禁，到死也没有能够回到楚国的楚怀王，这个称号可以直接唤起楚国人的敌忾之心。

就这样，刘季认识了项梁的侄子项羽。

只要项羽在场，所有人都会黯然失色。

项羽比刘季要小二十多岁。刘季和他的将士们早就听说过项羽。据说会稽起兵时，他不但一刀砍下了会稽郡守的人头，而且还独自斩杀了百余人。

公元前208年，章邯率领秦军把齐国将军田荣包围在东阿（今山东阳谷）。项梁集中全部精锐，前往救援。

刘季对自己的军事指挥才能颇为自信，开战之前，本打算让项羽见识一下，什么叫姜是老的辣。但刘季还没有来得及发布指令，项羽和他的骑兵，就如同狂飙闪电一般，突入了秦军之中。

章邯麾下的秦军，明明是连战连捷士气高昂的精锐，可是向来坚固的阵形，却如同脆弱的绢帛，被一下子撕得粉碎，秦兵犹如深秋狂风下的枯叶般四下飘散。刘季愣了愣神，才下令和其他楚军将士一起，掩杀过去。

章邯毕竟是老将，及时收军退去，避免中军主力也被项羽击溃。

这次胜利之后，项梁、项羽叔侄兵分两路，而刘季部被安排和项羽一起行动。在接下来的战争中，无论秦军看起来实力多么雄厚，布防多么严密，项羽刘邦及其将士们总是能轻松找到秦军的弱点，项羽亲自率领骑兵纵横穿插，令秦兵溃不成军。

有一次，夏侯婴看着遍地的尸体，忽然说了一句："幸好我们和项羽是盟友。"

萧何叹了口气说："以后，就未必是盟友了。"

萧何这么说，当然有他的理由。他注意到，那个牧羊少年并不简单。项梁立他为楚怀王，自然只是想作为一个招牌，但这个少年却未必甘心只做一个招牌。一些楚国的老贵族围绕在他身边，显然，他们都不喜欢项梁，随时可能有所动作。

一旦矛盾爆发，自己的这个小集团，就可能

被当作棋子。

变故来得比想象的更快。原来镇守长城一线的秦军，也被调回来平叛。这支规模巨大的部队是一直在与匈奴交锋的百战之师，几乎仍然保持着秦军的巅峰状态。章邯背后有了这支生力军，迅速开始反击，在定陶大败楚军，项梁兵败身死。之后章邯认为楚军已经不足为虑，转而北上渡过黄河，平定赵国去了。

而楚怀王争夺兵权、排挤项羽的行动，也已经开始了。楚军的指挥权，被交给楚怀王熊心的大将军宋义，然后楚怀王又与诸将约定："先入定关中者王之。"谁先攻克秦人的老巢关中，谁就可以自封为王。

但同时，楚怀王又拒绝了项羽想要率军西征的请求，而是让他追随宋义，去与秦军主力决战。西征的任务，交给了刘季。

"怀王这也太过分了，这不是明摆着让我们和鲁公为敌吗？"樊哙很担忧。他称项羽为鲁公，是因为楚怀王封项羽为长安侯，号"鲁公"。樊哙看起来大大咧咧，但对他真心佩服的人总是特别恭敬。

"走一步看一步吧。项羽那小子可能会被宋义坑死，我们有可能会被秦军消灭，如果我们和项羽成为敌人，那倒说明我们都成功了。"刘季无所谓地笑笑，看着萧何说："萧君，这一路千里奔袭，几千人的肚子，可都拜托你了。"

萧何不能不感到巧妇难为无米之炊的压力。之前被章邯击溃的陈胜的军队，项梁的军队……他们的残部都在翘首以盼，希望有号召力和战斗力的军队能来收编整合他们。所以，刘季的军队一路向西，源源不断有兵源补充，这也是刘季的底气所在。但是，吃饭的问题怎么办？没有人比萧何更清楚，秦朝建立这十多年来，高强度的赋税徭役，已经使各郡县空虚到什么地步。更何况，现在又在战乱之中……萧何眼前已经幻化出这样的景象：满心期待的将士打开一个县城的仓廪，却发现里面一粒粟米也没有，只有地上躺着几只饿死的老鼠的尸体。

那就只能搜刮百姓了，夺走他们的最后一份口粮……萧何一咬牙，不管怎么说，现在只能想办法坚持下去。

如果不和项羽比，刘季的临阵指挥才能确实算相当杰出，尤其重要的是，他的用兵思路相当灵活，能快速击败的敌人就闪电一击，碰到难啃的硬骨头也绝不纠缠。刘季军西进的路线神出鬼没，相当迅速。由于在每个地方停留时间都不长，搜刮的力度也不大，倒还能勉强支应。这种局面，一直维持到刘季军到了南阳。

南阳郡守吕𪩘与刘季野战失利，退守郡治宛城（今河南南阳）。战国后期以来，宛城就是秦国重镇，数十年来苦心经营，城墙高大坚固，城基厚达二十米。对于刘季这支缺少攻城器械的部队来说，这样的城防，令人绝望。

刘季没有多想，就决定丢开宛城继续向西，这时候，张良劝阻了他。

张良是韩国的贵族子弟，没有谁比他更想复兴自己的国家，当年在博浪沙（位于河南原阳东郊）刺杀秦始皇，就是他策划的。这件事震动天下，以至于刘季、萧何等人第一次见到张良的时候，都无法相信眼前这个温文尔雅的男人，就是张良。

但张良一开口说话，又让所有人都信服，这个男人就是张良。从来没有人能够如此清晰地阐释天下大势，又对每一具体事件有那么精准的分析。多么粗鄙的问题，张良都能用典雅的语言来表述；多么深奥的道理，他却又能说得如话家常。无所不知却没有一句废话，一句话直击要害又绝不使人觉得冒昧……萧何看得出来，张良是第一个让刘季真正折服的人。最直接的表现是，在张良面前，刘季竟然能够很久不说一句粗话。

当然，张良来到刘季身边，也可以说对萧何是一个巨大的打击。萧何没有什么战功，但他是刘季队伍中资历最深厚，学识最渊博也最富有计谋的人，这是公认的。但张良一出现，所有一切都让萧何相形见绌：沛县主吏掾怎么能和韩国的贵族相比？

就好比现在，刘季决定绕过宛城，萧何没有多想。张良却认为绝不可如此行事。把宛城这样一个重镇留在背后，一旦西进受阻，这支部队就会陷入腹背受敌的绝境。

听了张良的建议，刘季再次包围宛城，南阳郡守吕齮选择了投降。

"去南阳的粮仓看看罢。"众人都在忙碌的时候，张良对萧何说，嘴角还带着一丝神秘的微笑。

南阳的粮仓确实把萧何震撼到了。看来始皇帝再怎么频繁征发，也没有动用这里的军事储备。萧何粗粗估算了一下，即使刘季的军队再扩充三五倍，一直打到咸阳，也绰绰有余。

萧何终于不用巧妇难为无米之炊了，他根据士兵人数，计算所需军粮及其他用品的数量，组织相应的兵卒，确保传输不绝……

刘季带领军队经过短暂的修整，准备再度踏上征程。萧何负责粮草押送。临出发前，萧何在做最后一次清点的时候，听到背后有人说："萧君，可有暇一叙？"

不用回头，萧何也知道是张良。他放下手里的木简说："当然。"

张良说："沛公西入武关，今后我们所有人的衣食，可就都指望萧君了。"

张良说:"沛公西入武关,今后我们所有人的衣食,可就都指望萧君了。"

萧何一笑:"哪里话,惭愧!"

张良眼望西方说:"萧君,虎狼之秦,天下痛恨,但自孝公以来,却所向无敌,你以为制胜的关键在哪里?"

萧何想了想说:"那自然是因为名将辈出,秦军又悍勇无比。"

张良说:"五十多年前,秦国在长平(今山西晋城高平市)打败赵国,其实,不论是廉颇还是赵括,都是罕有的将才。但秦国取胜很重要的一个原因是粮草充裕,南阳距长平如此之远,他们也可以源源不断从南阳把军粮运送到长平战场。赵国却做不到,所以只能冒险反击,结果自寻死路。"

萧何说:"先生高见。"

张良说:"楚国的项燕,论用兵也未见得不如王翦,只是秦楚两军长期对峙,楚国耗不过秦国。项梁为何兵败于章邯?定陶相持,终于耗到自己军心不稳罢了。"

萧何说:"秦国是先创造了条件,使敌人不能战胜自己。"

张良点头说:"秦国之所以能做好先期准备,正是因为秦国有许多萧君这样的人才。无论前线战事多么惨烈,秦军将士总不用担心吃不上饭。"

萧何微笑着说:"但愿我能胜任这个工作。"

张良说:"有些道理我虽然能想明白,却做不到。只有萧君,才是真正能做成事的人。"

萧何心里想,张良是发现自己最近有些消沉,特意来给自己打气的吗?

但张良接下来的话,又确乎像是发自心底的感慨:"其实我命数还算不错。有些道理,我想明白了,别人不明白,所以看上去我好像有些远见。可是终究明白的人会越来越多。等大家都明白了,像我这样的人,就变成只会空谈的废物了。"

张良向萧何深深一揖说:"而任何时候,如萧君这样的人才,都不可或缺。"

天下财富

接下来形势的进展，比预想的还要顺利得多。

关键原因，倒不是刘季的部队现在军粮充足，也不是张良的计谋有什么鬼神不测之机，而是秦朝的应对手段实在愚蠢透顶。

秦二世虽然已经年过二十，但仍是一个对国家大事懵懂无知的顽童。真正制定大秦政策的，是赵高和李斯，这两个人都是绝顶聪明之人和第一流的政治人才。但是，因为要在政治斗争中抢夺主导权，聪明人能够干出来的蠢事，是任何蠢人都比不了的。

章邯是李斯的人，秦二世二年（前208）的七月，赵高害死了李斯，并打算等章邯基本平定叛乱以后，再找个理由把章邯撤换掉，委任自己亲信的将军担任指挥，扫平已经不成气候的叛军余党。这样，平定山东，再造大秦帝业的不世奇功，赵高也就可以轻松收入囊中。

但问题是，前线的军情传回咸阳需要时间。这个时间差是致命的：当赵高翻云覆雨，启动撤换章邯计划的时候，秦军已不再是高歌奏凯的大好局面，此时项羽已经异军突起，破釜沉舟，击溃了王离率领的长城军团，并把章邯逼入了窘境。

项羽与章邯对峙的时间长达数月，但赵高一直没能获取确切的军情。毕竟，大秦官吏的一大半都是李斯培养的，其余人此时也不无兔死狐悲之感。这些人没有能力和胆略与赵高对抗，但拖拉、扯皮、和稀泥、磨洋工却都是行家里手，无能者的权力，每个人都懂得要充分运用。

所以，不是赵高对秦二世隐瞒危机，而是整个大秦官场对赵高隐瞒危机。赵高把秦二世玩弄于股掌之间，可是同时，他也被这些官吏成功架空。

秦二世三年（前207）四月，赵高拒绝接见章邯派回咸阳求救的使者，本来只是要给章邯制造压力。当赵高真正意识到形势有变的时候，他已经把章邯逼入了绝境。

七月，章邯无奈向项羽投降，同时刘季的军队，也已经来到武关之下。秦国号称四塞之国，东有函谷关，西有散关，北有萧关，南有武关。武关向来是秦楚之间的咽喉，一旦突破武关，刘季的军队将通过丹水河谷狭长的通道，直抵关中。

发展到现在，胜负其实已定。这时，赵高接待了一位神秘的访客，沛公刘季的信使。信使说，只要赵高杀死二世，沛公愿意与赵高平分关中。

赵高只好一不做二不休，谋杀了二世皇帝。但他没有任何篡位的资本，只能拥立秦始皇的侄子，二世的堂兄子婴即位。子婴初称皇帝，后改称秦王，史称秦王子婴。

赵高要求刘季兑现承诺。但此时的刘季占据完全优势，他改变了主意。接下来，刘季军队攻破武关，继续挺进。

赵高彻底绝望了。在朝中大臣的支持下，子

婴杀了赵高。而这时，刘季的军队已经抵达峣关。这是秦朝最后一处可以设防的险要。峣关之后的咸阳城甚至没有城墙，因为自从孝公迁都咸阳以来，秦国一直高度自信，只有他们攻击别人，没有别人能够威胁到秦国的都城。一百多年来，秦国人一直是这么以为的。而现在，咸阳却必须面对敌人铁拳般的攻击。

刘季采用张良的计策，先说服了峣关守军投降，然后又发动突然袭击，消灭了秦国最后一支有战斗力的军队。做了四十六天秦王的子婴，只能投降了。

萧何与押运粮草的队伍，比刘季的主力晚一天到咸阳。进城之后，萧何看到的景象是，刘季的军队已经失控，许多将士大肆搜刮金玉珠宝。萧何并不感到讶异，他知道这些将士平时被压抑得多么痛苦，而人的贪欲爆发出来，会多么丑恶。

来迎接萧何的是樊哙，他说："萧君，您看看现在都乱成什么样子了！沛公进了咸阳，欢喜过头了，居然住到皇帝的宫殿里不想走了，这样还怎么约束手下？！您去劝劝沛公吧！"

萧何说："那你怎么不去劝他呢？"

樊哙说："我已经去劝过了。我说秦朝灭亡不就是因为这些奢丽之物吗？您应该赶紧离开宫殿，还军霸上啊！"

听了樊哙的话，萧何觉得自己以前小瞧他了。

萧何接着问："张良先生去劝了吗？"

樊哙说："刚去。您现在赶过去，正好和他一起。"

萧何说："张良先生去劝，沛公一定会听。我还有点事，就不去了。"

樊哙瞪大了铜铃般的眼睛问："还能有什么比这更大的事啊？"

一个校尉抱着一个大绸缎包裹，从两人身边跑过，包裹扎得不太严实，可以隐约看见里面的珠宝。看见萧、樊二人，校尉一哆嗦，显然怕这两位要夺走自己的东西，扭身跑得更快了。

萧何笑："樊兄，你看大家都抢得这么热火朝天，我也不甘人后啊。"

萧何来到了丞相府。

这里曾经是大秦行政的中枢，无数官吏在这里忙碌，无数文牍从这里送出。但现在，这里像一座突然停止运转的机器。秦王子婴投降后，更没有人到这里来了。此刻，相比满城的兵荒马乱，这里显得异常寂静冷清。屋檐下已经结了蛛网，脚踩在落叶上咯吱作响。

萧何推开了丞相府档案库的大门。

这里没有昆山之玉，随和之宝，明月之珠，太阿之剑，纤离之马，翠凤之旗，灵鼍（tuó）之鼓……只有堆积如山的简牍和地图。这里藏着帝国最深处的奥秘。

萧何只觉得心脏怦怦乱跳，一时竟有些透不过气来。之前，他还担忧这里被层层封锁，现在却发现，这里的门都没有上锁。

作为基层官吏，萧何深知许多记录和数字绝不可信。但是，他知道掌握最基本的资料是很重要的。

何况，不久前南阳的粮仓，给了萧何巨大的震撼。秦国像这样囤积物资的地方，应该不止一处。

这里没有昆山之玉，随和之宝，明月之珠……只有堆积如山的
简牍和地图。这里藏着帝国最深处的奥秘。

萧何清楚，自己现在要做的第一件事，是把这些资料赶紧转移到安全的地方。但他还是没有控制住自己的好奇心，忍不住看了起来。

敖仓这个地名，再次震撼了萧何。尽管早就预料到秦国储备雄厚，但眼前的数字，还是让萧何震惊。萧何知道，不管将来沛公的对手是谁，控制敖仓，将是决定胜负的关键。

汉元年（前206）十月。

刘季听从了张良的劝告，下令封闭王宫，只留下少数士兵保护王宫和藏有大量财宝的库房，随即还军霸上。

随后，刘季召集关中各县的父老，提出"约法三章"，即废除秦朝的全部严刑峻法，只保留三项罪名：杀人者要处死，伤人者要抵罪，盗窃者也要判罪。

刘季说完，大家欢声雷动。萧何站在刘季身边，表情很严肃，但其实有点心不在焉。刘季确实是个天生的演说家，这个"约法三章"一定能大大提升沛公在关中父老心目中的印象。但治理国家终究是不可能只靠三条法律，萧何很着急去把昨天未看完的那几卷《商君》读完。毕竟，这是沛县主吏掾没有资格阅读的秘籍。

关中百姓又给刘季送来大量牛羊酒食，犒劳军士。刘季拒绝了，他说："粮仓里储备还充足，不想让大家破费。"刘季能这样说，前提是萧何的工作做得好，确实军粮充足。但萧何也有一点点担心：刘季显然已经把关中地区当作自己的地盘在打理了。而项羽，是绝不会接受这一点的。

果然，冲突很快爆发了。

刘季派人守住了函谷关，试图不让项羽西进。

刘季从小就听惯了函谷关如何难以攻克的故事，那是山东六国无数名将的噩梦，他们千辛万苦终于对秦军取得了一次胜利，但兵到函谷关前，却再也不能前进一步。包括刘季自幼的偶像信陵君魏无忌，也只是如此而已。项羽虽然可怕，也许函谷关能够挡住他吧。

但刘季忽略了两点：第一，函谷关在崤函谷道的东端，也就是说，从关中平原到函谷关口，先要通过这条险峻异常的道路，兵力及军粮供应并不容易。经过这些年的动乱，当年秦人所开创的这条路，其实已经不能再继续用了；第二，自己麾下的许多将士，有过与项羽军并肩作战的经验，甚至有一些本来就是项梁的部下，他们对项羽怀着一种既畏惧又亲近的心理，根本就不愿意与项羽为敌。

果然，十一月，项羽来到函谷关前，发现关门紧闭，大怒，即刻发兵攻打，函谷关就此落入了项羽之手。十二月，项羽的四十万大军，就驻扎到骊邑的鸿门。

项羽的叔叔项伯深夜来见张良，张良把项伯引荐给刘季，说项羽第二天将对刘季发动总攻。于是，刘季带着百余骑前往鸿门赴宴，希望通过见面商谈解决矛盾。

但只有张良跟着刘季进入项羽的大帐，萧何和其他人在军门外等候。萧何远远看见帐外把守的两个执戟郎，其中一个虽然身材高大，但看起来却颇为文弱。

大帐里觥筹交错，后来隐隐传来兵刃撞击的声音。萧何、樊哙等人对视一眼，不免惊疑不定。

忽然，张良从大帐里出来，招呼樊哙进帐。樊哙手举大盾，直冲过去。两个执戟郎想拦住他，樊哙作为久经沙场的武将，当然早就看出谁是中看不中用的那个，一盾牌撞出去，那个高大的卫士像个纸人一样远远飞了出去。

萧何叹了口气。不管今天结果如何，宴会结束项羽一定会查问，樊哙是怎么闯进帐去的。这个执戟郎的前途，算是完了。

举荐韩信

鸿门宴之后，结局非常清楚：项羽完全掌握了主导权。关中属于谁，由他说了算，只有他能决定谁来统治这片土地。

入函谷关之前，项羽已经坑杀秦卒二十万；入关之后，项羽杀死了秦王子婴，焚烧了秦朝的宫室……总之，项羽成了秦人心中最大的恶魔。

项羽尊楚怀王为义帝，而自号霸王，即所有王者的领袖，并定都于西楚的彭城，故史称西楚霸王。

项羽封了十几个诸侯王。秦始皇以天下为郡县被公认是秦朝迅速灭亡的原因。项羽当然要恢复分封。当年六国的王族想要当王，追随项羽作战的将军们也想当王。对于这些人的要求，项羽不能不多少予以满足，结果造成王国的数量远远超过秦朝建立之前。但即使是这样，每个人还是觉得自己得到的太少。

大概是对刘季有过非分之想的惩罚，项羽对刘季说："说好的让你在秦地当王，巴、蜀当年也属于秦，你就到那里去当王吧。"

巴地（今重庆一带）、蜀地（今四川一带）当时是蛮荒之地，人烟稀少，而且多半是中原人视为野蛮的族群，虽然物产丰富，却又充斥着烟瘴沼气、毒蛇毒虫、凶禽猛兽和神异鬼怪的传说。封到巴蜀为王，是不折不扣的流放。

作为第一个攻入秦朝都城的人，刘季相信，即使不遵守"先入关中者为王"的约定，自己也至少算是灭秦的第二功臣，现在却落得这么一个下场。

"和项籍这竖子拼了！"刘季拍案而起。

帐中众将一片静默，都不敢出声。

刘季看着萧何问："萧君，你怎么看？"

萧何说："巴蜀虽然糟糕，不也比死强一些吗？"

刘季仍不甘心说:"怎么就一定死了?"

萧何说:"兵力不如项羽多,也不如项羽精锐,我们这些人,没有一个是项羽的对手。就是有一百次与项羽作战的机会,我们也会失败一百次。"

刘季说:"难道我们就只能到偏远的巴蜀之地吗?"

萧何说:"那也不一定。我昨天和张良先生聊过,项王是个粗枝大叶的人,未必跟咱们计较。真的忌恨沛公您的,是亚父范增。"

刘季说:"那又怎么样?项王终究还是听范增的。"

萧何说:"张良先生去找项伯了,让他去和项王说,也许还能多要到一点土地。"

这时,张良进来了。

张良向刘季拱手祝贺,说:"恭喜汉王,贺喜汉王!"

汉王这个称呼,一下子让帐中众将都愣住了。刘季去了巴蜀,自然应该叫巴王或者蜀王,称汉王,也就意味着项羽同意把汉中的土地也给刘季。

汉中和巴蜀可不一样了。秦人在那里已经经营百年，物阜民丰。更重要的是，从汉中出发，只要翻越秦岭，就可以返回关中，路程也要近得多。

萧何也向刘季称贺说："您现在不妨就接受项王的安排，不必争一日之短长。咱们把汉中治理好，善待百姓，招纳贤人，背靠巴蜀，反击关中，将来前程，未可限量。"

刘季接受了萧何的建议，遵从项羽的安排，前往汉中。从此，刘季号称汉王，而萧何，也就是汉丞相了。

刘季在关中兵力最盛时，麾下有十万人，号称二十万。现在却仅有三万人跟随南下，其余兵力都被项羽强行遣散或整编进项羽的军队。让大家觉得有点意外的是，有一些东方六国的士兵，也愿意追随刘季到汉中去。

这两年多的战乱，东方六国的许多地方，已经满目疮痍，这些士兵想的是：去汉中吧，到一片崭新的天地，看看能不能开辟一个新的世界！

怀着这样的动机追随刘季的，倒也有几万人。

这些人里，就包括韩信。

韩信是淮阴人，祖上是贵族，所以小时候读过一些书，成年后也经常佩剑。但家道早已败落，不能够被推选去做官，韩信又不会做买卖，一度沦落到几乎乞讨的地步。

他仍然坚持贵族子弟日常佩剑的习惯，有时会招来市井无赖的羞辱。他曾被迫从家乡一个无赖少年的胯下钻过，满街的人都嘲笑韩信胆小，但他也只能忍气吞声。

所以，当项梁率军渡过淮河，经过淮阴的时候，韩信想也没想就去投军。项梁战败身亡，韩信隶属项羽，项羽让他做了郎中。

韩信屡次向项羽献计，期望得到重用，项羽都没有采纳。

后来，汉王入蜀后，韩信就脱离楚军归顺了汉王。因为没有什么名气，就做到了接待宾客的小官。后来犯法，被判处斩刑，同伙十三个人都被杀了，到韩信的时候，他抬起头看着夏侯婴说："汉王不是想成就统一天下的功业吗？为什么要斩杀壮士呢？"夏侯婴听闻此言，感觉此人有不同凡响之处。又见他相貌堂堂，就把他放了。后来经过与韩信深入交谈，夏侯婴越发欣赏他就把他推荐给了汉王。汉王任命韩信为治粟都尉。不过，汉王暂时尚未发现韩信身上有什么出奇超众的才能。

到汉中以来，萧何的精神压力一直很大。

虽然实际上很多情况比想象的要好，汉中的土地肥沃，意味着很快就会有足够的军粮储备。当然，那些对汉中抱着浪漫想象的人来了之后往往失望，这里过着和中原一样的农耕生活，而且萧何很快建立起了像秦朝一样的编户齐民的管理模式。一些人一时冲动选择了追随刘季，有人一段时间后又选择了离开。

萧何对此并不担忧。现在离开的这些人，无论意志力和组织纪律性，本来就难以成为合格的战士。何况单身离开的士兵除了变成游侠，也没更好的出路，游侠是太平年月的不稳定因素，可是到了真正的乱世，孤胆游侠其实很难活下来。

萧何相信，要不了多久，就会有离开的人横死的消息传回来。这只会让大家明白，如果要想回家乡的话，就要一起杀回去，单独行动没有出路。

东部战场也对汉王非常有利。

一件让刘季心痛的事，是张良先生没有追随自己到汉中来。刘季和张良一见如故，很是投缘。这中间却有一个障碍，张良是韩国贵族，他最重要的使命，终究是复兴韩国，所以韩王在哪里，张良就只能去哪里。

可是项羽却偏偏把韩王成带在身边，并且有可能杀死他。"虽然这么想有点对不起张良先生，"萧何想，"可是韩王成一死，张良先生立刻就会回到汉王的帷幄之中了。"

而齐国的田荣和项羽之间矛盾尖锐，看来战争很快就会爆发。只要项羽陷入东部战场，汉王杀出汉中的时机也就到了。

想到汉王终究要有直面项羽的那一天，想到项羽骑兵冲锋的恐怖场面，萧何有时半夜里都会惊醒。但如果无法正面击败项羽，其他的一切成功都毫无意义。

刚见到韩信的时候，萧何也并没有抱太大希望。毕竟，击败项羽，现在看来还是一种奢望。

一天，萧何与韩信闲聊。萧何说："你来谈谈项王用兵吧。"

"项王的兵法，是楚人的极致。"韩信把"楚人"两个字说得极重，"用楚人的战法，面对项王必败。"

"汉王，我，还有你，都是楚人。"

"只要兵符在手，我就会忘掉自己是楚人。"

"那你是哪里人？"

韩信面露一丝微笑："秦人。"

萧何怔住。

韩信把一卷竹简放在萧何面前的几案上："这是韩信所写兵法第一篇，请萧相国审阅。"

萧何读着韩信的兵书，手不觉微微颤抖。

萧何并不很懂军事，但是他可以感受到，韩信的兵法，与自己精通的大秦律令，可以完美地融合在一起。

一百多年来，秦军的勇猛令山东六国闻风丧

萧何读着韩信的兵书，手不觉微微颤抖。

胆。项羽起兵以来，虽然多次击败秦军，但萧何这段时间以来接触过不少秦国人，知道他们并不服气：章邯的军队有很大一部分是刑徒临时组建的，不能代表秦军的真正实力；王离的长城军团当然是秦军精锐，但长城军团忠于公子扶苏和蒙恬将军，王离和他的祖父王翦、父亲王贲根本不是一个量级上的人物。他阿附赵高，不得军心，导致全军战斗力大打折扣。

如果能够把汉军打造得如同巅峰状态的秦军，是否可以与项羽一战呢？

萧何不知道。不过萧何想到了另外一个问题：以自己的身份地位，向汉王推荐韩信，让他担任一名将军，是没有问题的。但韩信却是要把汉军整体上彻底改造，所以，做一个将军对韩信来说毫无意义。

要用韩信，就必须要让他做大将军。

汉王用兵，并不是无能之辈。抢先杀入关中，虽然没有打什么真正的硬仗，但一路破军杀将，也绝非一个平庸的将领可以做到。要汉王尽弃平生所学，采用韩信这一套，他能够接受吗？

这天一大清早，汉王刘季突然得到了萧何逃亡的消息。

听到这个消息，刘季非常震惊，仿佛失去了左膀右臂。

不过，一两天之后，萧何回来了。他来拜见汉王。刘季喜出望外，又十分不解地问："你为什么要逃跑？"

萧何说："我不敢逃亡，我是去追赶逃亡的人了。"

刘季问："追谁？"

萧何答："韩信。"

刘季忍不住开骂："各路将领逃跑了几十人，你都不去追，却偏偏去追韩信。这是骗谁呢？"

萧何说："那些将领都是庸碌之辈，像韩信这样的人物，却是无双国士。大王如果这辈子就想留在汉中称王，自然用不着韩信；如果要冲出汉中争夺天下，除了韩信就再没有可以和您商议大事的人了。困守汉中，还是进取天下，就看汉王您怎么决策了。"

刘季说："我当然要往东杀回老家去，怎么能一直守在这里呢？"

萧何说："那韩信就是至关重要的人才了。大王如果能够重用他，他就会留下来；不能重用，韩信终究要离开的。"

刘季说："好，我看在你的面子上，让他做个将军。"

萧何答："只做将军的话，恐怕还不够。"

刘季有点哭笑不得："难道让我任命他做大将军？"

萧何当即下拜："那真是大王之幸！我等之幸！三军之幸！"

刘季很无奈地说："好，把他喊来，我拜他做大将军！"

萧何说："大王您任命大将军就像呼喊小孩儿一样，这就是韩信要离去的原因。大王如果决心要任命他，就要选择良辰吉日，亲自斋戒，高筑拜将坛，聚集三军诸将于广场，礼仪完备方可。"

刘季同意了。他知道萧何是在用这种极端的方式，引起自己对韩信的重视。之前，萧何已经介绍过韩信的兵法，刘季对兵法的判断力当然比萧何更强，他隐隐预感到，如果用这种方式治军，汉军也许可以爆发出巨大的能量。

刘季一开始还不能确定是否要对汉军进行这种脱胎换骨式的变革，这段时间一直在犹豫，所以才没有给萧何明确的答复。现在，刘季终于下定决心：既然终究要面对项羽，无论如何也要赌上一把。

汉军的一场豪赌开始了。

坐镇关中

　　公元前206年八月，项羽与东方齐国的田荣之间爆发战争。刘季反应迅速，在韩信的指挥下，汉军出击关中直取陈仓。项羽在秦国故土上所封的三个王（雍王章邯、塞王司马欣、翟王董翳），其中两个迅速投降，只有雍王章邯兵败之后，在废丘坚守。

　　奇袭陈仓，当然是韩信的功劳，但萧何也居功至伟。从汉中到关中的道路，险峻难行，需要翻越秦岭，但是可以直指咸阳的，有子午道；绕了一个大圈子，但是相对平坦易行的，有陇西道。无论从哪个角度看，选择从故道出陈仓，都没什么优势。

正因如此，韩信暗度陈仓，起到了出其不意攻其不备的效果，但因此也给负责后勤的萧何，出了一个巨大的难题。好在此时汉水上游的通航条件尚称便利，在萧何的精心安排调度下，充分保障了韩信军的供给。

这之后汉王纵横捭阖，联合天下诸侯，聚集了整整五十六万大军，袭取了项羽的都城彭城；而项羽展示了真正的军神威力，三万骑兵迅速从齐地返回，雷轰电掣把五十六万诸侯联军杀得溃不成军，尸体堆积如山，睢水为之不流。

刘季从此不敢再和项羽正面对决，退守荥阳至成皋一线，而韩信单独率领一支军队，开辟北方战场。

张良已经回到了刘季身边，他在关键时刻，总能帮助刘季做出正确的决策。而韩信的军事天才，更是发挥得淋漓尽致。他以一支几千人的偏师，先后攻克魏国、代国、赵国、齐国，发展成为几十万人的大军，尤其是背水一战击溃赵国以及大破二十万齐楚联军，这两次战役堪称中国军事史上的经典战例。

相比而言，萧何的工作，看上去平淡多了。

选择在成皋（今河南荥阳汜水镇）一线坚守，是萧何给刘季的建议，因为这里不但地势险要，而且敖仓就在附近，秦人在那里储备了大量军实。

汉王的大军东出函谷关，与项羽一战之后，萧何的工作就由镇抚汉中变为镇抚关中，兼抚巴、蜀、汉中。总之，汉王的整个后方都由萧何来保障，以确保前线有足够的兵员补充和物资供给。

对萧何来说，有利条件是关中沃野千里，还有郑国渠这样的大型水利工程。项羽入咸阳之后，烧杀抢掠，宫室建筑几乎被焚毁殆尽。但农业生产环境，并没有受到很大破坏。

不过，对秦人来说，刘季政权毕竟是外来者，要让关中父老乐于接受汉王的统治，积极完成纳钱粮服兵役这些事情，需要有诸多惠民政策，像当初的"约法三章"那样。但现在与项羽的战事极为紧迫，不可能推行这种宽缓之政。当此情形，应该怎么办？

所以，汉二年（前205）十月，萧何征得刘季同意，出台了一个举措：开放当年秦国的苑囿园池，允许民众进来狩猎，也可以将之开垦为农田。

秦朝的苑囿规模巨大，单是上林苑一处，就绵延数百里。将之全部开放，足以使万民欢腾。接下来的日子里，萧何不断收到下属送来的关中父老歌功颂德的文字。

"看来这个新举措真是对了，"萧何对身边人说，"可惜汉王出关去了，不然，让他给大伙讲个话，父老们不知道会激动到什么地步！"

立刻有人说，丞相您去给百姓们做一番训诫，一定也有很好的教化之功。萧何有自知之明，知道自己不适合这种场合。

这天上林令奏报，说有一张驺虞皮进献。

驺虞是传说中的仁兽，形状似虎，白毛黑纹，却从不捕杀猎物。现在汉王仁德，驺虞皮的出现，正可以拿来证明，汉王讨伐项羽是正义之战。

"让他不用献到丞相府来，"萧何想了想说，"我去上林苑，这事值得办个典礼。"

上林苑的官员和役夫们排列在两边，稍远处，还有许多围观的百姓。

萧何看着上林令捧着驺虞皮走过来。

这驺虞怎么看都不像老虎，倒是像熊。白毛黑纹倒是不错，身体雪白，四肢是黑的，大白脸上还有两个黑眼圈，尾巴很长。

"我就说，并不真是什么驺虞。"萧何想，"但也无所谓了，总之是异兽。"

上林令已经走到萧何面前，无数双眼睛盯着，萧何咳嗽一声，正准备开口讲话，忽然，从役夫中冲出来一个人，一下把萧何撞翻在地。一口雪亮的铁刀，抵住萧何的咽喉。

萧何行事向来简易，所以身边没太多护卫。上林令看到这一幕，惊呆了，他大喝道："匄（gài），你疯了吗？"

这个叫匄的役夫直瞪着萧何，怒气冲冲地说："你这下贱的荆蛮，上林苑为什么要弛禁？"

萧何注视着眼前这个役夫。他年纪不大，看

起来忠厚良善，脸上还有许多青肿，看来是前几天刚挨过打。他握刀的手在颤抖，显然也没有杀人的经验。

萧何这时候反而不紧张了，缓缓道："刍君，上林苑弛禁，是嘉惠万民的好事，为什么不要？"

上林令又大吼道："刍，你别冲动，有什么事，我们慢慢说！"

刍大叫着说："关中缺地吗？这么多人都死了，到处都是没有人耕种的良田。上林苑不让人进来，阿肥还能活，你让大家进来，就要了阿肥的命！"他说着说着，眼泪流下来了。

阿肥是谁？萧何完全摸不着头脑。

"这黑白熊，不，驺虞，始皇帝的时候就在上林苑养着了，一直是刍这小子喂的，"上林令哆哆嗦嗦地说，"这小子只会喂熊，别的什么也不懂。"又对着那人命令道："刍，你赶紧放开萧丞相，阿肥被杀，又不是萧丞相的意思……"

萧何有点明白了，当年秦始皇搜罗天下珍禽异兽养在上林苑里，这只被叫做"驺虞"的黑白熊，看来也是其中之一。上林苑弛禁，百姓进来后，自然看见麋鹿、仙鹤或不管什么其他禽兽，统统都要猎杀。匀脸上的伤，应该就是保护这黑白熊被人打的。打他的人或许还振振有词地说："我们是照萧丞相的意思办，你想和萧丞相对着干不成？"由此导致的恶果，就由自己承担了。

"你不知道阿肥多可爱！这一年多，苑里都发不出饷来了，我饿着，也不能让阿肥饿着。我每天喂他吃嫩竹叶，每天给它洗澡……"匀似乎沉浸在自己的回忆里。他完全不是一个合格的刺客，手里的刀，不觉已经有些偏离。

这个机会萧何的卫士没有放过。噗的一声，一支弩箭射穿了匀的眉心，他直挺挺倒了下去，喷涌的血，一些溅到萧何脸上，一些溅到阿肥的皮毛上。

上林令赶紧把萧何搀扶过来："萧丞相，我御下不严，我罪该万死，幸好萧丞相福大命大，这贱隶伤不了萧丞相……"

"萧丞相洪福齐天！"周围的百姓都赞颂起来。

上林令又对匀的尸体踹了一脚，"这臭小子，

喷涌的血，一些溅到萧何脸上，一些溅到阿肥的皮毛上。

碰到这种万民赞颂的德政，却单单惦记着他自己那一点点得失，简直是我们秦人之耻，就该夷他三族！"

"别碰他！"萧何声音低沉，但谁都听得出其中的威严。

上林令一哆嗦："我罪该万死！"

"谁也不许伤害他的尸体。"萧何尽量让自己的语气温和一点，"把驺虞皮盖在他身上，好好安葬了吧！"

"这，太可惜了吧……驺虞皮上溅的血也不多。"

萧何不再理会手足无措的上林令，转身离去。他也不想再听见身后的议论。

萧何想，那个叫匀的役夫说得不错，关中缺的不是耕地，而是人。连年征战中，秦人的子弟死伤大半，或者流落岭南等地不归。现在土地虽然多，却没有足够的人手耕种。沛公要从关中抽调兵员到荥阳前线去，萧何有时不得不拿老弱来凑数了。

秦国传承下来的风气，各级官吏往往是所谓

"强敢"之人，即对百姓特别强横，只要上命指示，便敢于强推，由此生出来的事端，有时难免伤天害理。

萧何本来就显得成熟，这几年的时间里，更仿佛老了十岁。

好在，形势终于慢慢向有利于汉王的方向发展。北方战场，韩信消灭了项羽几乎所有可能的盟友和大量楚军，英布在南方发挥了很大的牵制作用，彭越则不断在项羽地盘的腹地游击破坏，使得项羽的军粮补给难以保障。在正面战场，项羽始终无法突破刘季的防线。

项羽的兵越来越少，粮食越来越匮乏。刘季却完全不用担心这个问题，兵力足够，粮草也充足。

这自然是萧何的功劳。

"汉王现在担忧的是其他问题了，"有人对萧何说，"这也正是相国您所需要担心的问题。"

萧何一怔："什么？"

"相国有没有觉得，汉王派使者来慰劳您，最近也太频繁了一点。"

萧何当然感觉到了。本来，他还以为是汉王觉得自己辛苦，格外关心，可是经人一提醒，他立刻就意识到了："先生是说，汉王疑心我了？"

"虽然名义上有太子坐镇关中，可是太子为人柔弱仁懦，关中一切事务，都是相国决定。关中是帝王之宅，相国又如此得民爱戴，汉王疑心，不是自然不过的事吗？"

一下子，萧何想起沛县起兵时，因为自己没有斩杀沛县县令，刘季向自己发出的质问。那种后背冒冷汗的感觉，一瞬间又回来了。

一直以来，萧何非常谨慎。重要决策，一定会禀明汉王，得到批准才实行；实在时机紧迫来不及请示的，也会很快向汉王原原本本汇报情况。但即使如此，刘季对自己还是产生了疑心。

"不过也不奇怪，要当伟大的君主，总不免比别人更多猜疑，"萧何想，"实权太重的臣子，多亲近多忠诚也不能完全信任。"

回家之后，萧何对夫人说："让禄儿、延儿都收拾下，明天就出发到荥阳去。"

夫人十分不满："禄儿也就罢了，延儿连傅籍（秦汉的法律，男子十七岁傅籍，即进行户口登记，从此尽各种服兵役、徭役的义务）的年纪都没到。"

　　"这次征发的关中卒，很多都没到傅籍的年纪！"萧何的声音有些严厉，后来缓和下来，说："不光是咱们的儿子，我打算让宗族的适龄男子都一起去战场。你放心，他们去荥阳，才是真正保全咱们家！"第二天，萧何的两个儿子和同族的几十个青壮年一起奔赴战场。

第一功臣

公元前202年，持续了四年多的楚汉相争，终于到了决战的时刻。

这时候，天下形势已经转为全面对汉王刘季有利。但仍然有一个最大的变数，就是项羽本人。

不管韩信、彭越、英布这些选择站在刘季一边的名将已经取得过多少次胜利，但只要项羽在场，楚军仍然保持着优势地位。

汉军六十万，楚军十万，在陈下（今河南淮阳）对峙。

尽管汉军人数占据绝对优势，但很多人仍然惴惴不安。毕竟，三年前的彭城之战，项羽以三万精骑杀溃汉王五十六万联军的战绩，仍然是汉军将士挥之不去的梦魇。

而且那次战例表明，尽管汉王刘季也不失为优秀的将才，但指挥调度十万人，可能就是他能力的上限。现在，汉王会不会重蹈覆辙，项羽能不能再次创造奇迹？谁也不敢断言。

萧何仍然留在后方，随时关注着前线的战况。如果这次失败，萧何可真是再没有能力凑齐足够的兵员支援前方了。

"大军的主帅是谁，定了吗？"萧何问从前线来的使者。

"定了。"

"谁？"

"韩信。"

萧何长出了一口气。韩信的将才，当然胜过汉王许多。项羽好像手握雷电的天神，可以将毁灭性的力量精确投掷到任何他想要打击的地方。在韩信指挥下的汉军，仿佛变成大地上一个个漩涡，不管多么强大的力量，都会一点点陷入其中消于无形。

萧何很清楚，之前有好几件事，都让汉王对韩信存了很深的芥蒂，然而在这个决定性的时候，汉王却选择了完全信任韩信。

这就是注定要成为伟大帝王的人啊。平常对臣僚随时敲打，决定生死成败的关头，却能用人不疑。萧何知道，今晚自己可以睡个安稳觉了。

陈下一战，韩信指挥的汉军大获全胜，项羽军的主力已经不复存在，更重要的是，项王不可战胜的神话，从此不复存在了。

项羽逃到垓下，被汉军团团围住。四面楚歌声中，项羽决定率领二十八骑突围，最后一次展示了他神鬼莫测而惊雷逝电般的临阵指挥才华，但终究无颜见江东父老，自刎于乌江。

胜利之后，刘季来到定陶，定陶是无数条交通要道交汇的中心，虽然没有特别重要的政治地位，却是最富庶的城市。

此时刘季最宠爱的女人戚夫人就是定陶人，但是今天，定陶将成为一个政治上至关重要的所在。

所有追随刘季打天下的功臣，都聚集在定陶。包括萧何。

酒宴上，刘季喝得醉醺醺的，突然说："那些读书人天天在我耳边聒噪，说刘季这个名字实在太没体统。我觉得刘季这名儿挺好，但懒得听他们烦。"

他接着说："嘿，五十多岁的人了，倒要改个名字。从今天起，我叫刘邦了！"

大家立刻跪下来，山呼万岁。

邦，就是国家，就是天下。刘邦，就是姓刘的拥有家国天下的人。现在天下还有许多王，刘季如果还称汉王，显然太不突出了。刘季改名刘邦，他想要的是什么，大家都明白。

接下来，群臣共同请求尊刘邦为皇帝，刘邦三次推辞未果，终于即位，史称汉高祖。

当然，大家这么鼎力支持，大汉皇帝刘邦作为仁德圣明之君，也必须给功臣们足够的回馈。

刘邦所要封赏的对象，大致分为三个层级。

最高一个层级，是韩信、彭越、英布这些功

臣。给他们多少土地，是联合消灭项羽之前就已经约定好的，事实上这些土地多半也本来就在他们的控制之下。所以这个层级的问题，反而最好解决。

最低一个层级，是汉军的普通士兵和基层军吏。如果不能让他们得到满意的奖赏，凭着战场上磨砺出来的各种能力，他们回到地方上会成为不稳定因素，很可能会利用从前军队里的组织，拉帮结派，给各郡县造成巨大的困扰。

刘邦下了一道诏书，几乎所有将士都被赐予不低的爵位，并给予和爵位相应的待遇：包括免除徭役、赋税和分配相应的田宅。当时刘邦手下的将士将近六十万人，要完全落实这些待遇，那意味着朝廷需要赏赐三亿亩土地和一千五百万亩宅地，即使拿出当时全天下的土地，也不够用的。

这个繁难的分配任务，当然还是交给萧何。所以战争结束之后，萧何的工作一点也没有减轻。

真正需要刘邦自己操心的，是那些最紧密团结在他身边的这些老战友们，谁先谁后，哪个人给哪样的待遇，处置稍有不慎，都可能引发激烈的冲突。

封赏工作是一项漫长的工程。萧何知道，皇上很想把自己定位为第一功臣。他多次暗示甚至公开表达过这个意思，但反对声音很大，几乎陷入僵持状态。

功臣们说："臣等身披坚硬的铠甲，手执锋锐的武器，多的参加过百余次战斗，少的也有几十次。攻取了城池，夺取了疆土，功劳诚然有大有小，但萧何从来没有汗马之劳，只是拿着法律文书，发点议论罢了，让他位居于臣等之上，这让我们情何以堪？"

刘邦反驳说："你们知道打猎吗？打猎时，捕杀猎物的是猎狗，但发现猎物的是猎人。你们就像猎狗，萧何才是猎人。"

没有功臣敢当面反驳，但不服显然也是写在脸上的。

功臣们想到把曹参抬出来压倒萧何："平阳侯曹参在战场上，身上受了七十多处伤，他攻取的城池土地最多，应该是第一功臣。"

刘邦还没有开口，有善于察言观色的人站出

来说话了："群臣说的都不对。曹参仗打得好，这仅仅是一时之事；萧何不同，和项羽相持的五年时间里，萧何自始至终保证了大军的军粮供给，兵员补充。陛下您几次失去山东，萧何却为您保全着完整的关中，这是万世之功啊。曹参这样的人，即使损失掉一百个，对汉朝又有什么损失呢？所以，一时之事，不能比万世之功。还是应该萧何第一，曹参第二。"

刘邦拊掌大笑："说得好！"

萧何自始至终没有说话。他不想争功，他和曹参是多年的朋友，有人这么贬低曹参，他尤其不乐意。但萧何知道刘邦的意思，所以他绝不能拒绝他的好意。

刘邦为什么一定要让自己成为第一功臣呢？

第一，当然是兵马未动，粮草先行，自己保障前线的功劳确实足够大，功臣第一当得起。萧何这点自信还是有的，但他知道这未见得是主要原因。

第二，自己和别的功臣都不一样。自己代表少数几个文臣，把自己排第一，等于是贬低了战场上所有的武将。刘邦要的就是这个效果，他不想这些将军们太翘尾巴。

尤其是曹参。这些年他被安排在韩信军中作战，他每一次攻城略地的功劳，都是在韩信的指挥下，抬高他，也就是抬高韩信。萧何能预感到，刘邦已经准备对韩信动手了。

第三，刘邦希望通过善待自己，让大家都看到，他是个有情有义的人。

所以刘邦封赏萧何的时候，往往也不是强调他功劳大，而是说些"当年我到咸阳服役，别人都只送我三百钱，只有萧何送我五百钱"、"和项羽对战的时候，你们都是单独追随我，只有萧何是整个宗族几十个人都跟着我"之类的话。

萧何有些郁闷，忽然有点想去看一个人。

这个人，就是雍齿。

当年雍齿背叛刘邦投靠了魏国，后来魏国被刘邦消灭，雍齿又逃到了赵国，但赵国又被韩信攻克，雍齿最后还是成了刘邦的麾下。战场厮杀的时候，雍齿往往率先冲往最危险的地方，那兵刀的寒光和乱溅的鲜血带来的紧张感，反而能让雍齿能从担心被迫害致死的忧虑中解脱出来。

然而雍齿奇迹般一直没有战死，反而成了战功最大的人物之一。

当然，雍齿极不合群，他几乎没有朋友。

雍齿显然没有想到萧何会来看自己，一脸错愕："丞相！"

"雍将军，我有件事想和你说。"

雍齿激动起来："好，我雍齿早就知道有这一天。大丈夫死则死耳，请君去告诉刘季，我雍齿在丰邑叛他，心里觉得对不住你萧丞相，可没有半分觉得对不住他刘季！"

萧何静静听他说完，然后说："雍将军说哪里话？我是来告知雍将军，陛下不日就会封您为侯。"

雍齿直愣愣看着萧何，他信不过自己的耳朵，可是又知道，萧何不是会开这种玩笑的人。

萧何："封赏功臣的事，拖了很久了。很多人都怕陛下漏掉自己，或者担心陛下记旧仇，故意不封自己。张良先生这几天可能就会向陛下建

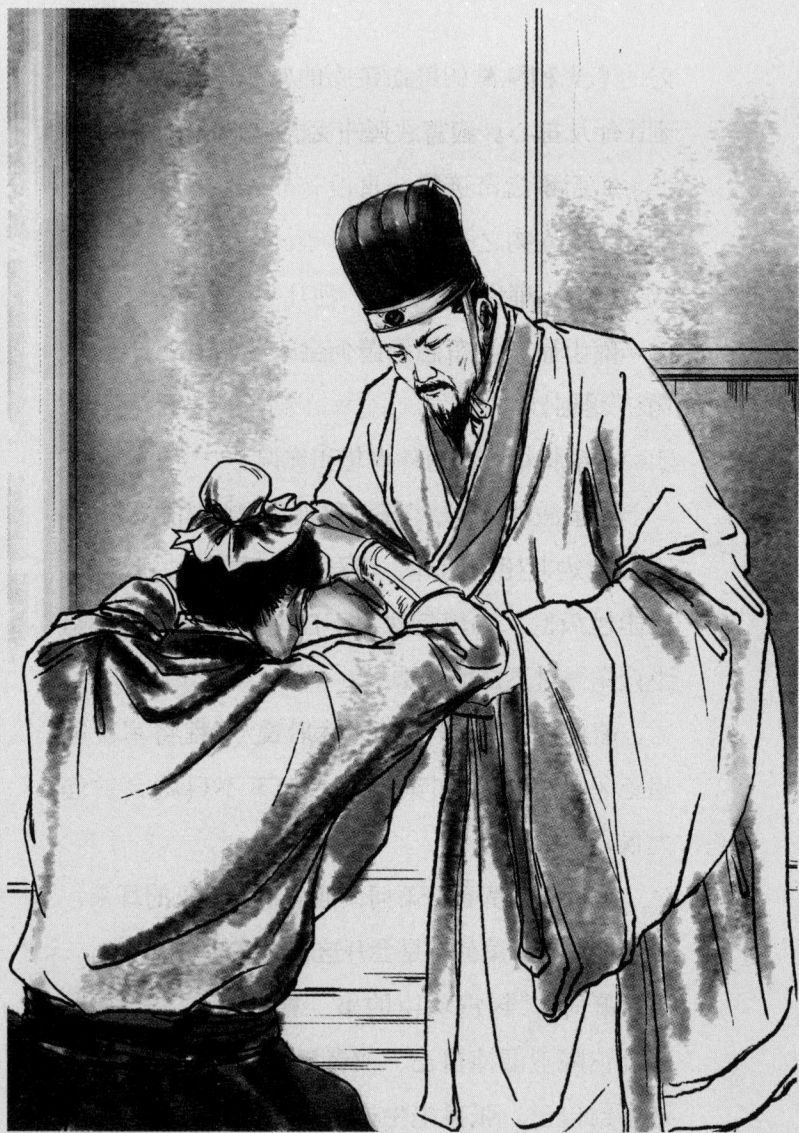

雍齿跪拜说："多谢萧相国救命之恩！"

议，封一个陛下生平最憎恶的人为侯，这样就能让所有人安心。我想，陛下最憎恶的人，自然非雍将军莫属了。"

雍齿苦笑，但不得不承认，萧何说的倒是实情。

萧何说："我想向您提个建议：如果陛下把富饶的大县封给雍将军，您一定要推辞，另外要个蜀中的地方吧。"

雍齿一怔，很快醒悟过来：皇帝封自己是为了安抚众将，以后终究还是要报复的。去往遥远的蜀中，眼不见心不烦，皇帝有可能也就忘掉自己了。

雍齿跪拜说："多谢萧相国救命之恩！"

怏怏长乐

　　刘邦在定陶称帝，但定陶毕竟没有都城的气象，他把都城定在洛阳，这里曾是周天子的都城。但不久后，刘邦还是听取张良、娄敬等人的建议，认为关中之地，金城千里，天府之国，于是定都长安。

　　之所以将都城定在关中地区，其实正是刘邦对诸侯王不信任的表现。一旦与诸侯王之间矛盾爆发，关中易守难攻的地理形势，可以帮助刘邦取得决定性的优势。

　　事实上，刘邦当了皇帝之后，他对臣下的猜忌，与日俱增。

　　当年，与项羽争夺天下的时候，刘邦为了团

结更多的力量，往往倾向于选择信任别人。比如说，如果不信任韩信，那就一定会失败；如果信任韩信，也有可能失败，但万一胜利了呢？

现在形势却已经变了。有人告发说韩信谋反，刘邦应该怎么选择？选择信任韩信，一旦错了就可能是巨大的灾难；选择不信任韩信，错了也无非是韩信被冤枉而已，对刘邦并没有太大损失。

另一方面，刘邦觉得自己年纪大了，现在虽然掌控一切，一旦哪天自己不在了，性格柔懦的儿子有能力面对这些强大的诸侯王和功臣吗？

刘邦相信自己的能力，何况自己和这些人之间，确实有一条出生入死患难与共的情感纽带，可以化解很多麻烦。但到了儿子那里，这条纽带就不复存在了。韩信现在不会谋反，因为他顾念着我对他的恩情，可是我的儿子对他有什么恩情？那时他会不会谋反呢？

萧何能够理解刘邦的恐惧，所以自己更加恐惧。如果诸侯王都打击完了，接下来就该轮到自己这个第一功臣了。过去刘邦对自己不过是象征性敲打几下，今后可就说不定了。

汉高帝六年（前201），刘邦把楚王韩信贬为淮阴侯，并且不让他去自己的侯国，而是留在都城。之后两年，刘邦都忙于对匈奴和其他诸侯王的战争。

汉高帝七年（前200），战场归来的刘邦回到长安，看见萧何主持兴建的未央宫。

宫室如此壮丽，自然动用了大量的人力物力。刘邦十分愤怒地对萧何说："天下苦战数年，动荡不安，成败尚未可知，现在修建皇宫，为什么要豪华过度呢？"

萧何答道："正因为天下没有安定，所以才是大兴土木的好时机。况且，宫室不壮观华丽，就不足以彰显天子的威严。并且，这也是为了让后世的宫室无法超越。"

后世许多人都奇怪萧何为什么会这样说。有人因此鄙视萧何庸俗，有人则认为萧何确实洞察人心：因为普通人很容易在体量巨大的建筑物面前感受到自己的渺小，从而越发慑服在皇权之下。

其实最重要的原因萧何没有说。因为皇帝在外征战，萧何坐镇关中，所以他必须让皇帝感受到，自己唯一的诉求，就是全力以赴侍奉皇帝。未央宫的修建，激起了不小的民愤，但越是如此，越能体现萧何没有私心。萧何和刘邦的对话，更是萧何迫不及待希望传出去的：主张大兴土木的是萧丞相，皇帝却是非常体恤民力的。

在这样的环境下，萧何觉得自己能稍微安全点。

汉高帝十年（前197），赵国的相国陈豨（xī）在代地谋反，刘邦亲自率兵征伐。第二年，汉军已经取得了决定性的优势。这一天，丞相府忽然来了一位长乐宫的使者，请萧丞相立刻前去议事。

未央宫建成后，皇帝居未央宫，皇后居长乐宫。萧何不知道皇后找自己什么事，他不敢耽搁，即刻起身。

皇后吕雉，在沛县时萧何对她就不陌生。她手握诸多资源，其父兄的能力相当杰出。汉二年四月的彭城之战，惨败的汉王刘季顾不上家小，吕雉和汉王的父亲刘太公一起，落入项羽之手；一直到汉四年九月，汉王与项羽虚情假意地和谈，项羽不再需要这个没价值的筹码，才把她还给汉王。

两年多的时间里发生了什么？没有人能说清，皇帝本人显然也不想知道。皇帝对吕雉早就没有任何感情，但吕雉是太子刘盈的母亲，包括萧何在内，朝廷中所有沛县出身的大臣，都坚决捍卫刘盈的太子地位。只要太子地位不动摇，吕雉的皇后地位也就不可能受到任何真正的挑战。

吕雉是一个非常清醒的女人，对皇帝没有任何不切实际的期待。但也正是因此，她对地位和权势的重视，超过任何人。如果皇帝是理性的，那么他不可能拂逆沛县功臣的意思改换太子；可是皇帝老了，越来越感情用事，越来越需要年轻又多才多艺的美丽女子来慰藉寂寞的心灵。皇帝会做出什么决定，越来越不可预测。

因此，任何一点被吕后视为潜在威胁的因

素，都可能激发她巨大的攻击。所以，萧何面对吕后时，会产生比面对皇帝更大的恐惧。

"淮阴侯韩信谋反。"吕后的声音冷冷的，她看着萧何的眼光，更加冰冷。

"这怎么可能？"萧何心想，"韩信现在困居于长安，手下没有任何兵将，没有任何谋反的本钱。"但是他不敢反驳。

吕后宠信的辟阳侯审食其，向萧何讲述了韩信谋反的详情。

当初陈豨被任命为巨鹿郡守的时候，临行前找韩信辞别。韩信让身边人都退下，他拉着陈豨的手在庭院里漫步，忽然仰天叹息说："您是我可以完全信任的人吗？有些心里话想跟您谈谈。"陈豨说："愿闻其详！"

韩信说："您管辖的地方，是天下精兵聚集的所在；而您，是陛下信任宠幸的臣子。如果有人告发说您反叛，第一次陛下是不会相信的；但再次告发，陛下就会起疑心；三次告发，陛下必然大怒，就会亲自率兵征讨您。那时我若在京城为您做内应，天下也是可以图谋的。"

韩信的才能，谁不信服呢？陈豨当然说："谨奉教！"

"所以现在陈豨才会谋反，皇帝才不得不御驾亲征。"审食其说。

这是多么荒谬的诬陷：韩信与陈豨如此私密的对话，什么人能转述得好像他当时就在现场一样？陈豨是宛朐人（今山东菏泽），那个地方离沛县不算太远，所以陈豨和皇帝的关系，也算是很亲近了。而且，陈豨与韩信平时也没有往来。

陈豨在代地，那个地方靠近匈奴，要想形成有效防御，必须手握重兵独断专行，而一旦如此，就必然被皇帝猜忌，被猜忌次数多了，谋反几乎是势在必然，根本就不需要任何人教唆。

萧何很清楚其中的因果，但这些道理，对刘邦他都没有办法说，更不用说对吕后了。所以他只有沉默。

吕后说："我早就看出韩信想谋反了！他竟然说，他用兵比陛下还要高明；还对别人说，'想不到我这辈子，竟沦落到和樊哙这种人为伍！'亏樊哙见到他时，还给他下跪，称他'大王'！"

萧何苦笑。这两件事倒是真的，但如此的天真耿直，不正说明韩信在政治上毫无心机吗？

审食其继续说："现在韩信正在伪造诏书，赦免各官府服役的罪犯和奴隶，打算发动他们来袭击皇后和太子。幸亏韩信家里有人告发了这件事，我们才知道这个阴谋。"

萧何说："臣这就去通知各有司，让他们绝不要上当。"现在他只想赶紧离开长乐宫。

"这件事不劳丞相了，另有一件要事，要交给丞相去完成。"

萧何心里升起一股寒意："什么事？"

看到萧何到自己家来，韩信显然很高兴："萧丞相！"

韩信年纪不大，但这几年老得很快。当然萧何知道，自己更是老得不成样子。如果大家是村夫野老，现在应该坐在垄头，晒着太阳，谈论儿孙，吹嘘年轻时的风光吧。现在，反而说什么都要小心，轻易也不敢往来。不要说跟韩信，就是和沛县的那些老兄弟交往，也是如此。

韩信说："多谢萧丞相来看我！我在此度日如年，更无一个相知的来看我。萧丞相，你从哪里来也？"

"刚收到捷报，陛下已经斩杀陈豨，现在群臣都去长乐宫，向吕后和太子道贺。"

萧何一边说，一边盯着韩信的脸。如果韩信和陈豨之间早有通谋，那他现在应该会很震惊。但韩信只是非常冷漠地"哦"了一声。他的反应，萧何毫不意外，这只是进一步证明，韩信谋反的事，纯属子虚乌有。

但是自己的戏终究还是要演下去。萧何说："希望你也能一起去。"

韩信有点厌倦地说："萧丞相要是想叙叙旧，韩信很乐意；如果是聊这样的事情，韩信身体不适，可要休息了。"

萧何很诚恳地看着韩信说："现在这种形势下，你最好还是去长乐宫一趟。"

萧何是自己的恩人，如果没有萧何，自己也许到现在还是汉军中的一个都尉；萧何为人厚道，处处与人为善，前些年论功封侯时，连雍齿

萧何一边说，一边盯着韩信的脸。如果韩信和陈豨之间早有通谋，那他现在应该会很震惊。

这样的人物，萧何都用心安排……这些韩信都知道。现在他来找自己，也是一片好意吧，免得单单自己不去长乐宫，吕后又疑神疑鬼。

"好，看在萧丞相的面子上，韩信就走这一趟。"

萧何只觉得一阵眩晕，几乎要跌倒的感觉。

韩信关切地问："老丞相，您怎么了？"

萧何犹豫了一下，有些话终于还是没有出口。

"萧丞相请！"

萧何看着韩信迈步向外走去。萧何知道，从此以后，世上不再有韩信，而那个忠厚诚恳、与人为善的萧何，现在也已不复存在了。

萧规曹随

帮助刘邦击败项羽的最重要的三个诸侯王，韩信、彭越和英布，是所谓"同功一体之人"。

韩信被杀害于长乐宫，接下来是彭越被剁为肉酱，然后英布就反了。

刘邦亲自率领大军平叛，而萧何再次辅佐太子坐镇关中。

有门客劝萧何说："君离灭族恐怕不远了。您是大汉的相国，功劳第一，如果还想得到更多，那能是什么呢？当年您一进入关中，就深得百姓爱戴，十余年来一直如此。您该做一点败坏自己名声的事了。"

萧何觉得这话有道理，就贱价强买掠夺了许多百姓的土地。

刘邦击败英布后，回到长安。萧何来进见的时候，刘邦笑着说："相国就是这样推行利民之政的吗？"刘邦把百姓检举萧何劣迹的上书都摆到他面前，说："你自己向百姓谢罪吧！"

显然，萧何的自污手段很成功，相国这样的高官，犯下贪污罪，这正说明相国没有更大野心，这让皇帝感到放心。

但是，心系百姓几乎成了萧何的本能。他看到上林苑有很多空地，就向皇帝建议，可以让百姓来耕种上林苑的空地。刘邦一下子愤怒了："相国收了商人的贿赂，却拿我的苑囿去做人情！"

刘邦把萧何关押起来，带上枷锁。对这样一位功勋卓著的老臣来说，这是莫大的侮辱。要知道，萧何往日上朝都可以佩剑，不必脱鞋，不必快走，不用下拜。

当然，萧何这样声望卓著的高官，一定会有人为他求情，而且其中不乏聪明人。

有一位王卫尉（卫尉负责皇宫安全，显然是皇帝最信任的人）问刘邦："相国犯了什么大罪，陛下要这样羞辱他？"

刘邦说："我听说李斯做秦皇帝的丞相，有善政就归于主上，有恶名就自己承担。萧相国却刚好相反，收了人家贿赂，却想把我的苑囿赏给百姓，这是讨好百姓为自己赢得美名，所以我才把他关押起来。"

王卫尉说："萧相国做的，难道不是相国分内的事吗？陛下和项羽相持不下的时候，陛下去平定陈豨、英布叛乱的时候，相国留守关中，他要是别有企图，那时有的是机会，可是却从来没有为自己谋利，怎么会到现在才贪图商人的钱财？再说，秦朝正因为意识不到自己的过错而失去天下，李斯分担过错，又哪里值得效法呢？陛下不该为了这些理由就怀疑宰相。"

刘邦听后闷闷不乐，但最后还是派使者去赦免了萧何。

萧何光着脚来向皇帝请罪。刘邦说："相国不要这样。相国为民请命，我却不答应，我不过是桀纣一样的暴君，相国却是贤德的大臣。我故意关押您，是想让百姓知道，相国你是好人，过错在我！"

刘邦平定英布的叛乱回到长安，是在汉高帝十一年（前196）十一月。当时，刘邦的精神正处于极不稳定的状态。

这次平定英布，刘邦原本不想亲征，他想让太子刘盈去完成这个使命。根据春秋以来的惯例，太子带兵，几乎就是即将被废的信号，刘邦也确实有废掉刘盈，改立戚夫人所生的赵王刘如意的心思，他常抱着刘如意说："终究不能让那个不肖子，位居于我的爱子之上！"

吕后坚决反对这个决定，功臣元老大多也和吕后持相同的意见。刘邦知道，这种情况下强行更换太子，会直接导致汉王朝崩溃。最后，经过再三思考，理智战胜了感情。刘邦说："我那个竖子实在派不上用场，我还是只能自己上啊！"话说得豪迈，其实却充满了不得不屈服于群臣的无奈与愤懑。

刘邦本来也许还想再等机会，拉拢几个功臣转变立场，可是他没有时间了。平定英布的战争中，他中了流矢，如果他还年轻，这种箭伤不足以致命，可是，他已经是一个六十二岁的老人了。

刘邦先是回到了沛县，在那里击筑高唱《大风歌》，大风起兮云飞扬，威加海内兮归故乡，安得猛士兮守四方！然后慷慨伤怀，泣数行下。刘邦说："游子想到故乡就充满悲情，我虽然把国都定在了关中，但去世之后，我的魂魄想到沛地，我才会快乐。"

这是发自心底的感慨。在沛县的时候，刘邦只是泗上亭长，可是连县廷官吏他都敢嘲骂。而现在，他贵为皇帝，反而失去了这个自由。他只能按照群臣的意愿，保持刘盈的太子之位。他很清楚，之前自己所做的努力，反而都成了悬在戚夫人和刘如意头顶上的尖刀，自己一死，尖刀就会落下。

是自己害死了他们。

刘邦这时候想起项羽。自己成功了，项羽失败了，但是在最后，想保住自己心爱的女人也不可得，那种彻底的无力感，两个人是一样的。

正是在这样的心境下，刘邦回到了长安。他

再也不是那个"意豁如也、常有大度"的刘季了。他活在极度的恐惧之中，吕后为他找来看病的医生，他甚至不敢接受，他害怕医生会开出致他死命的毒药。

也就是这个时候，刘邦拘禁了萧何，他甚至还想杀掉樊哙。正是这些一起打天下的忠心耿耿的老兄弟，扼杀了自己的最后一点真情。可是刘邦终究还是没有丧失理智，汉朝天下的维持离不开这些人。他最终还是释放了萧何，而把处死樊哙的命令，下达给了最善于见风使舵的陈平，这实际上就是留了余地。

汉高帝十二年（前195）四月，汉高祖刘邦崩于长乐宫，而萧何，继续担任大汉相国。

比刘邦年长，总是比刘邦更憔悴更显老的萧何，大概从未想过，自己会比刘邦活得长。不过，他也已经是一个风烛残年的老人，更重要的是，他对自己一辈子忙碌的事，也已经感到厌倦了。

两年后，萧何病危。

汉惠帝刘盈来到萧何的病榻之前，少年天子

怯生生地问道："相国百年之后，谁可以接替您的职务呢？"

萧何说："没有谁比君主更了解自己的臣子。"

汉惠帝问："曹参如何？"

萧何支撑着下跪顿首："皇帝得到合适的人选，臣死也没有遗憾了。"

曹参和萧何在沛县时就是同僚和很好的朋友，后来萧何治理关中，而曹参在韩信手下作战，两个人交集很少。消灭项羽后功臣排序的时候，刘邦为了抬高萧何，任由别人发表了很多贬低曹参的言论，大家都认为两个人之间有了嫌隙。

刘邦称帝后，封儿子刘肥做了齐王，任命曹参为齐国相国，这之后，萧何曹参仍然很难有机会见面。对那些谣言，萧何没有试图去澄清，皇帝并不喜欢看见臣下们关系太好，从这点来说，这种谣言对自己和曹参都算好事。当然后来萧何确实不太愿意提起曹参，那是因为萧何觉得，曹参背后，仿佛飘荡着韩信的影子。

现在自己快要死了，终于到了重新提起曹参这个名字的时候了。

远在齐国的曹参也很清楚现在的局面。一听到萧何去世的消息，他就吩咐手下："准备车驾，我要成为大汉相国了。"

曹参做了汉惠帝的相国之后，对国家的政策法规都无所变更，一切遵照萧何定下的旧规，甚至一般行政事务，也很少处理。

汉惠帝终于忍不住了，让曹参的儿子去问曹参："您身为相国，整天喝酒，遇事也不向皇上请示，到底是什么原因呢？"

曹参入朝，摘去帽子向惠帝谢罪："陛下自问，论起圣明英武，您比高皇帝如何？"

惠帝说："我如何敢与先帝相比？"

曹参又问："那么我比萧相国如何？"

惠帝说："您似乎也不如萧何。"

曹参说："陛下说到了关键。高帝与萧何平定了天下，法令已经明确，如今陛下垂衣拱手，我等谨守职责，遵循原有的法度而不随意更改，不就可以了吗？"

惠帝表示叹服，这就是著名的"萧规曹随"。

追随萧何制定规章的，当然远远不止曹参。

萧何根据秦朝的法律，删除了过分残酷的条款，又根据汉朝的实际增加了相应内容，制定了总计九篇汉朝的根本大法，史称《九章律》。

这件事对中国法律史发生了至关重要的影响。一直到明清时代，仍号称"历代之律，皆以汉《九章》为宗"。

萧何

生平简表

●◎（约）秦始皇二十八年（前219）

萧何为沛县主吏掾，与刘邦交好。

●◎秦始皇三十六年（前211）

刘邦上芒砀山，萧何等人暗中帮助。

●◎秦二世元年（前209）

刘邦诛杀沛令后被拥立为沛公。萧何帮助刘邦处理事务。

● ◎汉高帝元年（前206）

————————————————————————————

　　刘邦入咸阳，萧何接收秦丞相、御史府所藏律令、图书、簿册。

● ◎汉高帝二年（前205）

————————————————————————————

　　刘邦任命萧何为丞相，镇抚关中。

● ◎汉高帝五年（前202）

————————————————————————————

　　刘邦登基称帝，建立汉朝，定都洛阳。汉高帝以萧何功劳最

高，封为酂侯。

● ◎汉高帝七年（前200）

————————————————————————————

　　萧何负责营建的未央宫完工。

● ◎汉高帝十一年（前196）

————————————————————————————

　　萧何在吕后的指使下诱骗韩信入长乐宫，韩信被杀。

●◎汉高帝十二年（前195）

萧何为了让疑心日重的刘邦对自己放心，强夺民田以达自污目的，又希望汉高帝同意把上林苑开放为农田，高帝大怒，囚禁萧何，不久后释放。刘邦去世。萧何继续辅佐汉惠帝。

●◎汉惠帝二年（前193）

萧何去世，谥为文终侯。